オトナ親子の同居・近居・援助

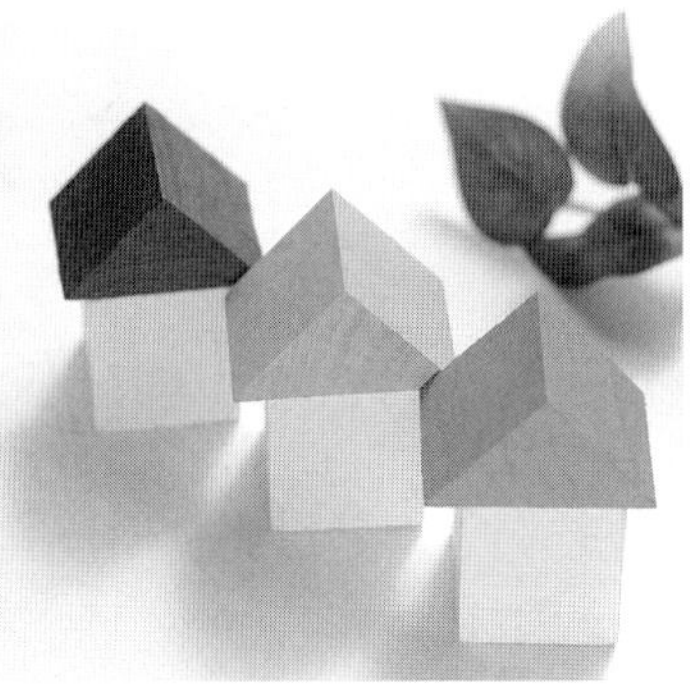

夫婦の個人化と性別分業の間

大和 礼子

学 文 社

まえがき

本書のタイトルの「オトナ親子」とは、「成人した子（特に既婚の子）と親」との関係を指している。親には、自分の親と配偶者の親（義親）の両方が含まれる。

第二次世界大戦後の家族社会学においては、既婚の子と親・義親との関係は、「世代関係」あるいは「親族関係」と呼ばれることが多かった。本書でも本文では、「世代関係」あるいは「成人子と親・義親との関係」「既婚子と親・義親との関係」といったやや硬めの用語を使っている。しかしタイトルでは、いろいろと迷った末、一般の読者にも興味をもっていただけるよう「オトナ親子」という用語を選んだ。

戦後の家族社会学では、家族の基本は「核家族」（つまり未成年の子と親）とする考え方が強かったため、育児や夫婦関係などが研究の中心であり、子が成人した後の「オトナ親子」への関心はあまり強くなかった。

しかし近年、オトナ親子への関心が高まっている。その背景として、既婚の子と親・義親との相互援助関係を強めよう、そしてそれによって、少子化、人口減少による地域の衰退、高齢者の介護などの社会的課題に対応しよう、という考え方の広まりがある。

では現実のオトナ親子は、どのような関係を結んでいるのか。これを考える時に、「世代関係」という用語を使うと、親世代と子世代という異世代間の関係がクローズアップされるために、同世代内の夫婦関係については「夫婦は一体」という前提で考えてしまいやすい。

一方、「オトナ親子」つまり「既婚子である夫と妻それぞれと、父母・義父母との関係」というとらえ方をすると、「夫婦は一体」という前提をはずすことができる。それによって、たとえば、夫と妻では、父母・義父母との関係が異なるかもしれない、あるいは父と母でも、既婚子との関係が異なるかもしれない、といった見方をすることが可能になる。

以上のように、「世代関係」というメガネでは見えにくかった側面を、「オトナ親子」つまり「他世代との関係において、夫婦は必ずしも一体ではないかもしれない」というメガネを使って探ってみよう、というのが本書の試みである。

この試みによって新しく見えてきたことが、私たち一人ひとりの家族関係において、あるいは政策の立案において、ほんの小さなヒントにでもなれば、望外の喜びである。

2017年8月

大和　礼子

目次

序章

今どきの世代関係の複雑さをとらえる

中期～後期の親子関係への注目

親子関係は、前期・中期・後期の3期に大きく分けることができる。本書は、中期～後期の親子関係に注目し、既婚の男女と、その親・義親（配偶者の親）との間の、同居・近居や援助の授・受について分析する。書名の「オトナ親子」とは、この中期～後期の親子関係、特に既婚の子と親・義親（配偶者の親）との関係を指している（「はじめに」を参照）。

まず前期・中期・後期の区別について説明しよう。

前期とは「成人前の子と親」の関係であり、子が幼少期～青年期（学校教育修了まで）の親子関係である。この時期の親子関係については、育児、しつけ、教育など多くの研究がされてきた。また1990年代以降は、子が親に生活基盤を依存するという前期親子関係が、成人後にまで延長される現象が目立つようになった。こうした現象は「パラサイト・シングル」（山田 1999）や「ポスト青年期」（宮本 1995：2004）とよばれ、その背景には非正規雇用の増加など若者の雇用不安定化がある（玄田 2001）。

次に中期の親子関係とは「成人した子と壮年期の親」との関係であり、子が職をもつ・結婚するなど、社会・経済的に自立してから、親が高齢期になるまでの親子関係である。この時期は、親・子それぞれが自立した生活をすることが可能である。中期親子関係については、同居や日常的援助などについての研究が行われ、これらを通じて、三世代同居といった直系家族から、核家族へという変化が起こっているか、あるいは父系規範に従って夫方親を優先する関係から、夫方親と妻方親が均等に扱われる関係への変化が起こっているかなど、親族構造の変化について探求された（岩井・保田 2008；三谷 1972；三谷・盛山 1985；施 2008, 2012）。

そして後期とは「成人した子と高齢期の親」の関係であり、特に近年は親の介護などを中心に多くの研究が行われている（藤崎 1998；直井 1993；大和 2008）。

近年の関心の高まり

中期〜後期の親子関係については、２０００年代以降、新たな関心から注目が集まっている。それは、少子化、高齢化、人口減少による、地域社会の衰退（原 2016；沼尾 2016）などに対応するために、既婚の子と親・義親との同居・近居や相互援助を促進しよう、そしてそのために公的支援を行おうという関心である（松本 2013；大月・住総研 2014）。

政府も２０１５年3月に閣議決定した少子化社会対策大綱に「三世代の同居・近居の推進」を盛り込んだ。

ちなみに、前期の親子関係においては、子どもの自立、つまり成人子が親から「離れること」が期待されてきたのに対し、中期~後期になると一転して「同居・近居」の推進がうたわれるようになったことは興味深い。

三世代の同居・近居によってどのような効果が期待されるかについて、日本経済新聞（2015：2016）はさまざまな議論を紹介している。

まず、三世代同居によって出生率が高まるという議論がある。この例として、同居率が高く、同時に共働き率や出生率も高い福井県が取り上げられている。

また、同居によって「孫消費」が活発化し、経済活性化が期待できるという議論もある。この根拠として祖父母による孫への支出は、同居が最も多く、近居、遠居の順に低下するという民間研究所のデータが紹介されている。

一方、子育ての援助を期待している人は「近居」を望ましいと考えているので（内閣府 2014：日本経済新聞 2012 も参照）、「同居」の推進は、実際は、親の介護を期待しているのだという議論もある。

さらに三世代の同居・近居は、人口減少に悩む地域にとっても重要であり、そのために、若者を地元につなぎとめる・呼び戻す政策を実施している自治体がある（たとえば地元就職した学生に奨学金の返還を一部免除するなど）。

関係の多次元性

公的支援を効果的に行うためには、世代関係の実態や、人々がそれに何を期待しているのかを明らかにする必要がある。

しかしながら現代の世代関係は、経済（たとえば経済成長の停滞や既婚女性の就業増加）、人口（たとえば少子高齢化や未婚化・晩婚化）、法・制度（たとえば戸籍法、民法、公的年金・介護の変化）など社会環境の変化によって、過去のそれとは異なっている。

また中期〜後期の親子関係は、大人と大人の関係であり、しかも結婚している人も多いので、前期に比べると複雑である。まず、自分の親との関係だけでなく、配偶者の親との関係もあり、両者は異なると考えられる。さらに同じ自分の親でも、父と母ではその関係が異なるかもしれない。

さらに関係の性質に注目すると、たとえばBengtson and Roberts（1991）は世代関係を、接触、援助、情緒的関係、価値の共有、家族規範の強さ、地理的距離の六つに分類している。本研究ではこれらのうち、地理的距離（居住関係）と援助に注目するが、それぞれが多様な側面を含む。まず前者の居住関係については、同居と別居という大きな区別だけでなく、別居の中でも近居（近くに住むこと）と遠居（遠くに住むこと）で関係が異なるだろう。また後者の援助については、子から親へと、親から子への両方向があり、それぞれで性格が異なるかもしれない。

このように複雑なため、これまでの研究の多くは、特定の面に焦点を当てて分析することが多かった。たとえば同居についての分析、親から子への育児援助の分析、子による親の介護の分析などである。こうした研究は、それぞれの側面における親と成人子の関係を明らかにしてきた。

それに対して本研究では、より多様な側面から中期〜後期の親子関係を分析・比較し、その全体像に迫りたいと考えている。こうした多様な側面の比較によって、特定の側面に焦点を当てた研究では見えなかったことが、見えてくるかもしれない。

こうした視点のヒントを与えてくれたのは、施利平（2008）による戦後日本における親と既婚子の関係の分析である。施は同居と育児援助を比較することにより、同居は夫方親との関係が強いが、育児援助は妻方親との関係が近年強まっていることを明らかにした。つまり親と子の関係は、一つの原理で貫かれているのではなく、多次元的である。

こうした多次元性をとらえること、そして人々がその多次元性をどうマネジメントしているのかを考えることが、本研究の目的である。

「夫婦の個人化」と親子関係

分析の視点として本研究で特に注目したいのは、第一に、既婚子と親・義親との関係における「夫婦の個人化」である。既婚子と親との同居・援助などについてのこれまでの研究（特に大規模データを分析する研究）は、「世代と世代」の関係に焦点を絞るために、同じ世代内での「夫と妻」については、暗黙の裡に「夫婦は一体」と想定することが多かった。つまり親・義親との同居や援助において、夫婦は一体となって行動すると想定してきた。

しかし近年、こうした想定が、現実の家族関係に当てはまらないと考える「個人化」論が現れている。個人化論によると、過去の社会では、法や社会規範から逸脱しないよう、あるいは経済的利益を得るために、人々は家族・夫婦といった親密な集団を重視し、そこでの役割に従って行動した。しかし近年、家族・夫婦といった集団が、個人の生活を保障する機能が弱まった。さらに個人の自由を重視する意識も高まった。その結果、現代社会では人々は「個人」として行動するようになった、と個人化論は論じる。

個人化論に従うと、本研究の対象である親・義親との関係も、個人である夫と妻で、異なるのではないか。

こうしたことを考えている折に、森絵都作「母の北上」（森 2014）という小説を読んだ。あらすじは以下のとおりである。

3年前に夫が心不全で亡くなり、夫の残した2LDKで「母」は一人暮らしをしている。長男の「僕」は母のことが気懸りである。お正月に母の所に一人で帰った。結婚3年目になるが、妻のあすかは母と折り合いが悪い。あすかは実家の人たちと温泉で正月を過ごしている。

僕はこれまで母を訪ねるたびに、母が、父と住んでいた頃に愛していた南の16畳のリビング・ダイニングから、次々に部屋を移っていることに気がついていた。そして今回、母はついに一番北の、日当たりが悪く狭い5・5畳の和室まで「北上」し、そこにもぐらのように住んでいた。何故だろう。僕はそれが、母の心の有り様を映しているのではないかと考えてしまう。趣味も持たず、父との思い出から逃げ、ただただ人生に背を向けて暮らしているのではないかと。

僕はそんな母を説教してみた。母は何も言わず、僕を家電店に誘い、そこで、たくさんの電球を買い込んだ。つまり母の「北上」は単に、部屋の天井が高いために、切れた電球を自分では付け替えできないから、電球がまだ切れていない部屋につぎつぎと移っただけだったのだ。僕はそれを知って、唖然とした。

電球を付け替えた南のリビング・ダイニングで、母の用意した夕食を食べながら、「電球が切れたらすぐ言えよ……。もっと当てにしていいからさ……。俺、一応は長男なんだから」と僕は言った。母は、水中ウォーキングで知り合った「ケンさん」について話した。「ケンさん」は、南のルーフバルコニーで枯れてしまっている鉢植えの相談にものってくれるという。

母は母でちゃんと現実を見据えて、明るく生きていた。「ケンさん、ケンさん」と連呼する母の顔を見ていて、僕は面白いような、つまらないような気分になって、ルーフバルコニーに目をやった。母が、父や僕が立ち入れない領域まで「南下」する日がいつか訪れるのだろうか。

この小説では、親・義親とのつきあいが、「夫婦一体」でなく夫と妻で異なることが、物語の背景としてさりげなく描かれている。そして、それをことさら問題視するニュアンスはない。現代に生きる私たちは、こうしたことを日常生活の中で経験したり見聞きしたりしているかもしれない。しかし全国データを使った統計的分析はあまり多くない。

そこで本研究では、親・義親との関係が、子世代の夫と妻で異なるという可能性を視野に入れて、全国調査のデータを分析したい。

性別分業の変化と親子関係

二つめの視点として本研究では、子世代における性別分業の変化が、親・義親との関係にどのような影響を与えるかに注目する。第二次世界大戦後の日本における世代関係は、性別分業の影響を大きく受けていた。たとえば親に対する経済的扶養は主に男性の役割、介護は主に女性の役割とされてきた（大和 2008）。また妻方親より夫方親との関係を優先すべきという規範も根強く残っていた（施 2008；2012）。

しかし近年、日本型雇用システムの変化によって、特に若年世代において、男女の働き方はゆっくりであるが変化している。たとえば男性においては、非正規雇用が増えるなど雇用が不安定化している。一方、女性の働き方は二極化し、不安定な非正規雇用が増えてもいるが、安定した正規雇用として出産後も就業継続する女性も増えている（大和 2014；Yamato 2016）。こうした子世代における性別分業の変化は、親・義親との関係にどのような影響を与えるだろう。

同居と近居の比較

三つめの視点として、親・義親との居住関係に関して、「同居」と「近居」の比較に注目する。第二次世界大戦前の家制度においては、夫方同居が規範とされた。戦後の民法改正によって家制度は廃止されたが、夫方同居という規範・慣行は人々の間に根強く残った。そのためにこれまでの研究は、「同居」に特に注目して、夫方同居から妻方同居への変化は起こっているか、そして、どんな場合に夫方同居が選択され、どんな場合に妻方同居が選択されるのか（同居の規定要因）などについて分析されてきた。また近年では先述のように、政策として、三世代「同居」を推進して少子化に対応しようという動きもある。

しかしながらその一方で、人々の意識においては、親・義親との同居ではなく、「近居」を理想の住まい方と考える人が、特に30歳代の子育て世代でふえている（平山 2016）。したがってこの研究では、

「近居」にも注目し、どのような場合に同居が選択され、どのような場合に近居が選択されるのかについても分析する。これによって、近年の三世代「同居」を推進する政策が、少子化対策として有効なのかについても考えたい。

パッチワークのような親と既婚子の関係

本研究では以上の三点に注目して、既婚の子と親・義親との居住関係や援助関係を分析する。結果を先取りすると、分析からわかったのは、世代関係は、たとえば夫方優先といった単一の原理にもとづくものではなく、関係の種類によってその性質が異なるということである（たとえば居住関係と援助関係では異なっているし、また援助関係の中でも、子から親への援助と、親から子への援助では異なっている）。現在の世代関係は、このような異なる性質の諸関係が寄り集まった「パッチワーク」のようであった。私たちはこのような多次元的な世代関係を生きている。こうした現実に意識的になることは、個人として円滑な世代関係を営むためにも、また世代関係に関連する政策を構想するためにも、有効だと考える。本書で世代関係の多次元性をできる限りわかりやすく伝えられたらと願っている。

本書の構成

次の第1章では、中期〜後期の親子関係をとりまく社会環境が、特に第二次世界大戦後にどう変化したかを、経済状況、人口学的状況、家族や公的年金・介護などの法・制度に分けてみていく。（この章は中期〜後期の親子関係について初めて学ぶ人たちのために書いたので、こうしたことについて詳しい方々は、次の第2章から読んでいただいてもよい。)

第2章では、このような社会環境の変化が、既婚の子と親・義親の関係にどのような影響を与えるかについて、これまでの理論や実証研究を検討する。そしてそれをもとに、本書の問いや分析枠組みを定める。

第3章以降は、問いに対するデータ分析の結果を報告する。第3～4章は、同居・近居について分析する。続く第5～6章は、親・義親との経済的・世話的援助の授・受について分析する。対象は、親・義親と「別居」している男女である。

まず第3章では、夫方親と妻方親で、同居・近居のあり方がどう違うかを比較する。同居や近居を規定する要因は、夫方親と妻方親で同じだろうか。たとえば非都市部など伝統的規範が強い地域に住んでいることは、夫方同居も妻方同居も、同じように促進するのだろうか。それとも、どちらか一方だけを特に強く促進するのだろうか。また、同居と近居で規定要因は同じだろうか。たとえば小さな子どもがいて育児援助が必要な場合は、親との同居と近居のどちらが促進されるのだろうか。

次の第4章では、(同じ夫方あるいは妻方の中でも)父と母で、同居の性格がどう異なるかについて比較する。たとえば、父親の場合、「父母そろって」の同居と「父だけ」との同居では、同居を促進する要因は同じだろうか、それとも違うだろうか。同様に、母親の場合も、「父母そろって」の同居と「母だけ」との同居では、同居を促進する要因は同じだろうか。

第5章は、子から親・義親への援助、つまり子が与え手としてイニシアティブをとる援助について分析する。子が援助する場合、「夫は夫方親により多く援助し、妻は妻方親により多く援助する」という

「夫婦の個人化」は見られるだろうか。

次の第6章は、逆方向の、親・義親から子への援助、つまり親が与え手としてイニシアティブをとる援助について分析する。この方向の援助では、「夫婦の個人化」（夫は夫方親からより多く援助を受け、妻は妻方親からより多く援助を受ける）は見られるだろうか。

そして終章では、問いに対する分析結果をまとめ、現在の既婚子と親・義親との関係の特徴や、政策的な含意について論じる。

分析するデータ

本書では二つのデータを使用する。一つめは、日本家族社会学会 全国家族調査委員会が２００９年1月～2月にかけて実施した「第３回全国家族調査」（NFRJ08）から得られたデータである。この調査は、28歳～72歳までの全国の男女を対象に、層化二段無作為抽出法で標本抽出を行い、訪問留置法によって実施された。標本規模は９４００、回収率は55・35％（５２０３）である（日本家族社会学会 全国家族調査委員会 2010）。

分析対象は、成人子世代の既婚の男・女（つまり本人が28～60歳未満で、配偶者も60歳未満）とする。つまり成人子の視点からみた、親・義親との居住関係や援助の授・受を分析する。

この調査では、男・女の回答者に対して、自分の父・母、そして配偶者の父・母という4種類の親それぞれとの間の、居住関係、援助の授・受（経済面・世話面の両方）などについて質問している。したがって親・義親との関係について、無作為抽出された既婚の男性と女性の回答を比較できる。

ただし、夫婦を単位とする調査ではない。「夫婦の個人化」を分析するために最も望ましいのは、夫婦単位で調査し、その夫と妻の回答を比較することであるが、そのような大規模調査はあまり行われていない。まずはこの調査データで、親・義親との関係について、無作為抽出された既婚の男性と女性の回答を比較することを通じて、世代関係における「夫婦の個人化」について、今後の研究のための第一歩となることをめざしたい。

二つめのデータは、著者らが行った世代関係についてのインタビュー調査のデータである。大学の公開講座への参加者のうち、調査の趣旨に賛同してくださった方から協力者を募った。ただし女性の協力者が少なかったので、調査協力者や知人の紹介で女性3名を追加した。対象者は、吹田市とその周辺在住者で（ただし女性1名はインタビュー前に転居）、60歳以上の男女各10名、計20名である。インタビューは、２００８年6月～２００９年2月に実施した。半構造化された質問紙法を用いて、1時間半～2時間半かけて行った。調査対象者のプロフィールは巻末の**資料序**に示した。

用語

以下の章において、「回答者」「夫」「妻」「成人子」「既婚子」「子」はすべて成人子世代を指す。「親」「義親」「父」「母」は成人子の親世代を指し、「孫」は成人子の子世代を指す。

また単に「親」「親世代」と記述した場合は、親と義親の両方（つまり自分の親と配偶者の親の両方、あるいは夫の親と妻の親の両方）を指す。両者を区別する場合は、「親・義親」と併記したり、「自分の親」と「配偶者の親」、「夫方親・夫の親」と「妻方親・妻の親」という用語を用いる。

第1章 親と成人子をとりまく社会環境の変化

この章では、現代の親と成人子の関係を理解するうえで重要な社会環境として、第1節では経済、第2節では人口学的環境、第3節では世代関係に関する法・制度、そして第4節では夫婦・ジェンダー関係に関する法・制度に注目して見ていこう。

第1節 経済と家族のあり方の変化

1 経済成長からみる三つの時期

図1-1は日本の経済成長率の推移を示している。戦争直後の復興期（1945年～1950年代半ば）をのぞいて、戦後の日本は経済成長率という点から次の三つの時期に分けることができる。

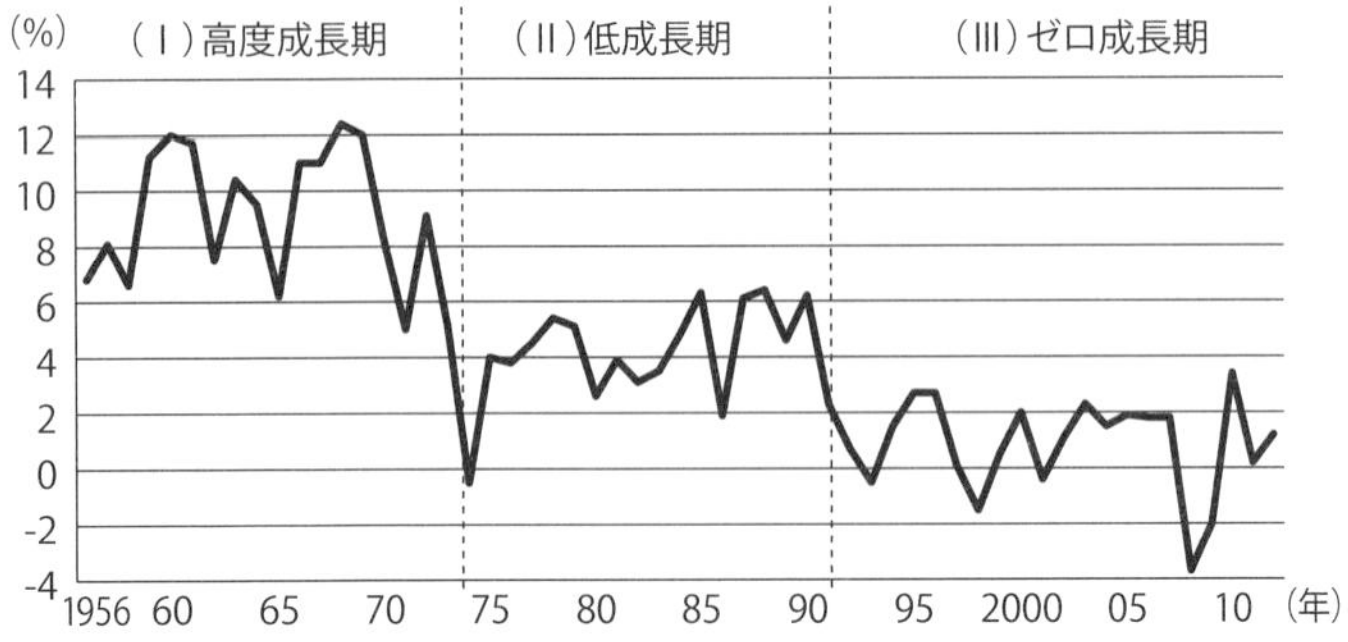

図 1-1　経済成長率（日本）

（資料）内閣府「平成 25 年度　年次経済財政報告」の「長期経済統計」の「国民経済計算」をもとに作成（http://www5.cao.go.jp/j-j/wp/wp-je13/pdf/p08011.pdf）。

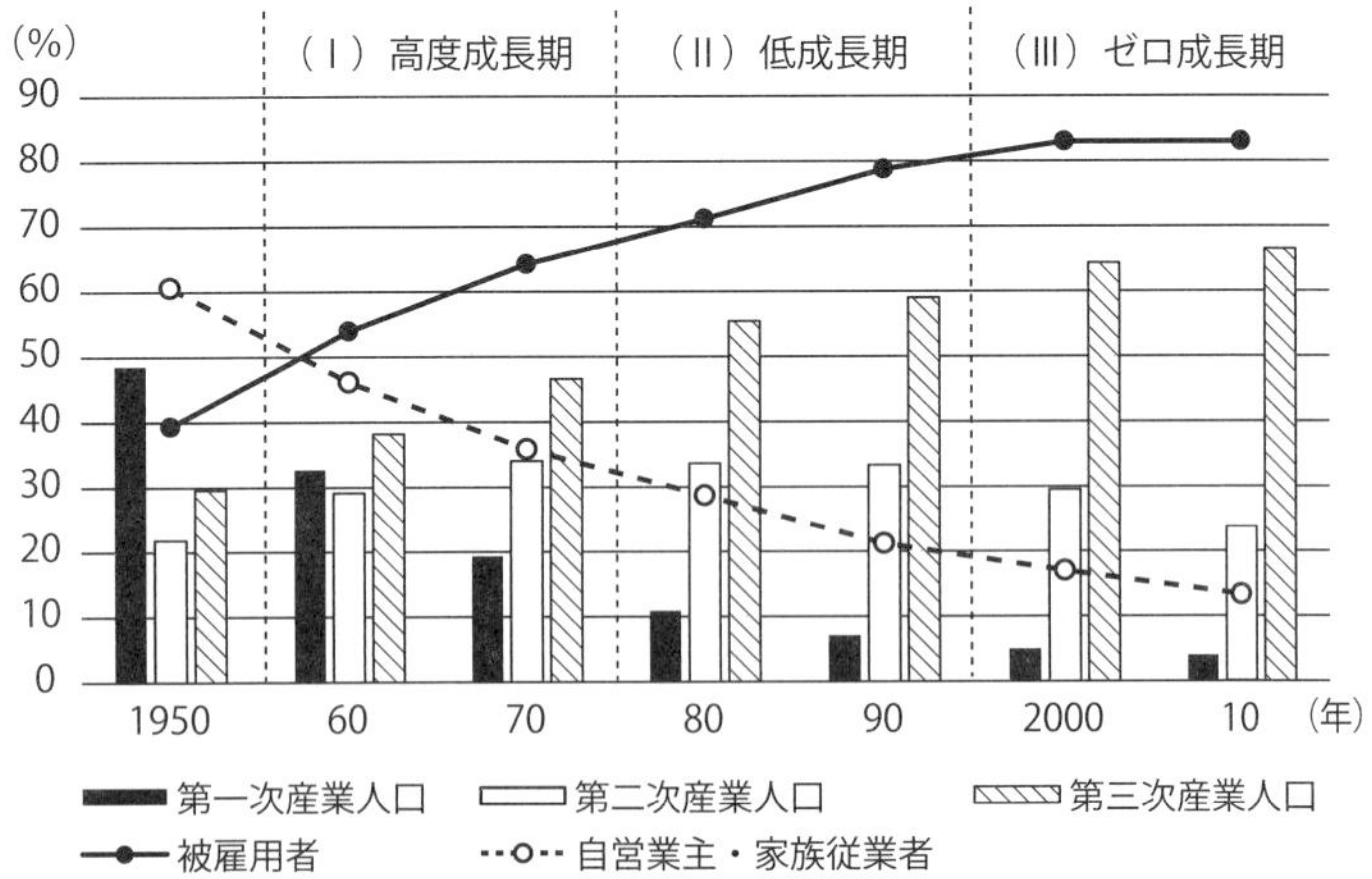

図 1-2　産業別人口比率と被雇用者比率（日本）

（資料）国立社会保障・人口問題研究所編『人口統計資料集 2015』表 8-7 と表 8-13 による（元のデータは総務省統計局『国勢調査報告』）。

(Ⅰ) 高度成長期（1950年代後半〜1970年代初め）。平均成長率は9％程度。

(Ⅱ) 低成長期（1970年代初め〜1990年頃まで）。平均成長率は4％程度。

(Ⅲ) ゼロ成長期（1990年代初め〜本研究で分析する調査が行われた2010年頃までで、「平成不況」「失われた20年」などともよばれる）。平均成長率は1％未満。

2　働き方の変化

産業構造

各時期は、中心となる産業が異なり、それにともなって人々の働き方や家族生活のあり方も異なっている。

図1－2で人々がどの産業で働いていたかを見ると、戦前〜戦後復興期（1950年）においては、第一次産業（農林水産業など）に従事する人が約半数を占めもっとも多数派だった。しかし(Ⅰ)高度成長期に入ると第一次産業は急激に減少し、それに代わって第二次産業（鉱・工業など）や第三次産業（商業・サービス業など）に従事する人の比率が高まる（工業化）。続いて(Ⅱ)低成長期になると、第二次産業に従事する人の比率は頭打ちになり、(Ⅲ)ゼロ成長期には緩やかに減少する（脱工業化）。一方、第三次産業に従事する人の比率は(Ⅱ)低成長期・(Ⅲ)ゼロ成長期も一貫して伸び続けている（サービス経済化）。

就業形態

産業構造の変化は、人々の働き方にも影響を及ぼした。同じ**図1－2**で雇われて働く人（被雇用者）と自営業で働く人（自営業主・家族従業者）の比率を比較すると、戦前～戦後復興期（1950年）までは自営業主・家族従業者の方が多かったが、(I)高度成長期の半ば（1960年）には逆転が起こり、それ以降は被雇用者の方が圧倒的多数派になる（サラリーマン化）。

男女の働き方

働き方は男女で異なる。**図1－3a**で年齢ごとの労働力率を男女で比べよう。

男性の労働力率は、20歳代で高まり60歳代から低下する台形型である点では、(I)高度成長期から(III)ゼロ成長期までほぼ同じである。しかし細かくみると、高齢者（65歳以上）の労働力率は(II)低成長期（1980年）から低下している。これはサラリーマン化と公的年金の充実の影響である（第3節を参照）。また20～50歳代の労働力率は(III)ゼロ成長期（2000年、2010年）で低下しているが、これは経済不況にともなう男性の雇用不安定化の影響である（第4節を参照）。また**図1－3b**で非正規雇用の推移を見ると、若年男性では(III)ゼロ成長期以降、非正規雇用が増加している。

一方、女性については、**図1－3a**にもどって女性の労働力率を見ると、(I)高度成長期の半ば（1960年）では、20歳代後半の出産・育児期で低下した後はほぼ横ばいで、専業主婦にとどまる人が多かった。しかし、それ以降は、出産・育児で仕事を辞めるが、30歳代後半以降に再就職する人が増加し、M字型を示すようになる。

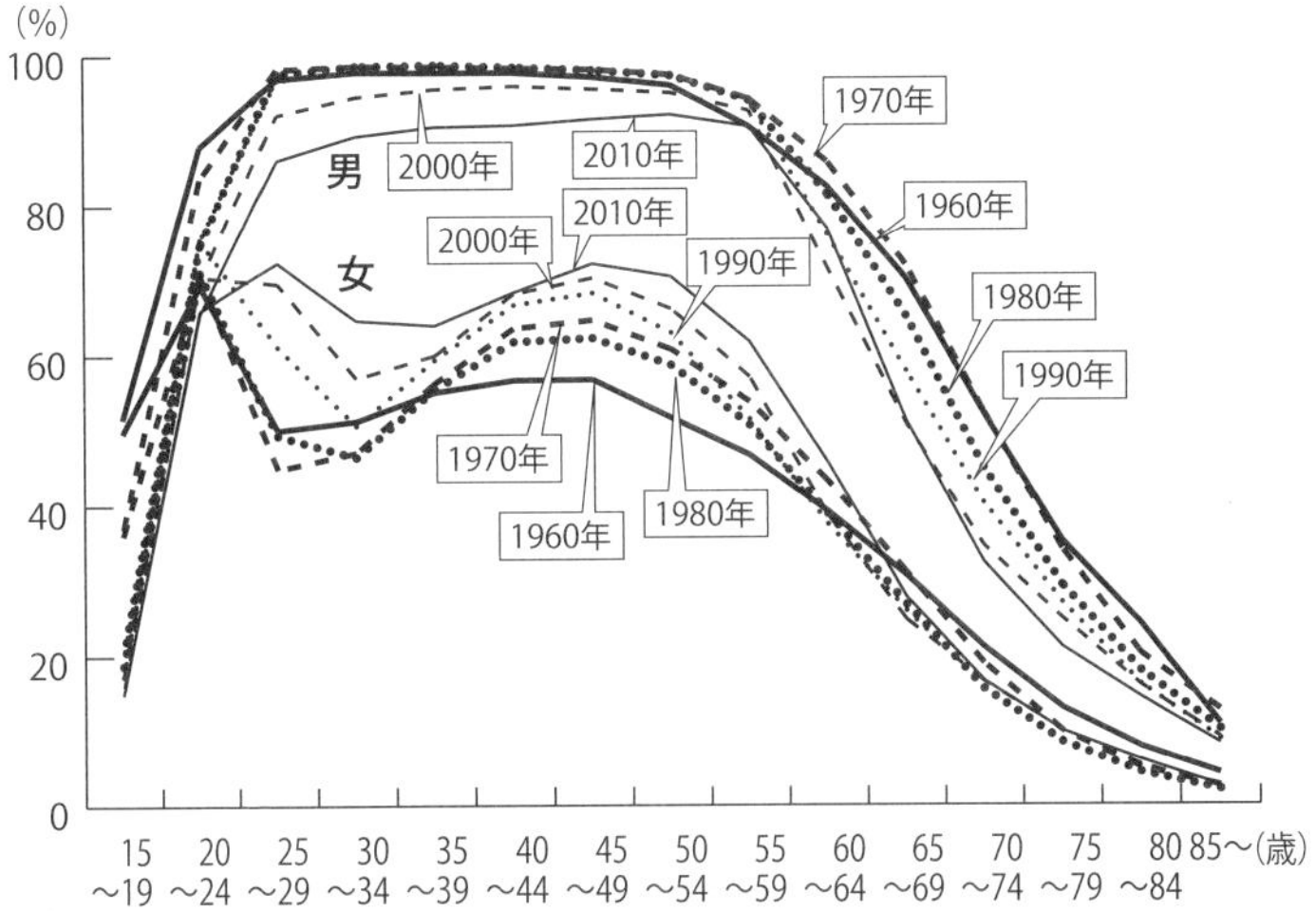

図 1-3a　労働力率（性・年齢別、1960 ～ 2010 年）（日本）

（資料）国立社会保障・人口問題研究所編『人口統計資料集 2015』表 8-3 による（元のデータは総務省統計局『国勢調査報告』）。

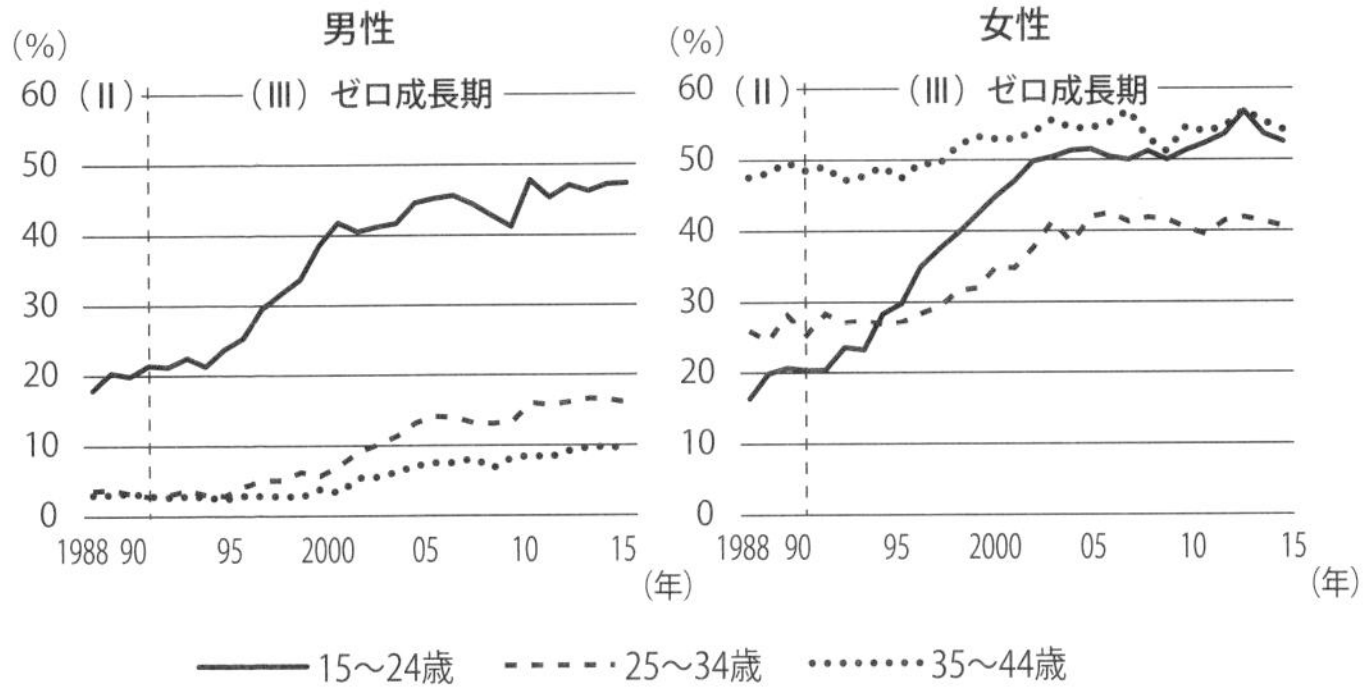

図 1-3b　非正規雇用者の割合（日本）

（資料）「労働力調査」（詳細集計の長期時系列データ）による（http://www.stat.go.jp/data/roudou/longtime/zuhyou/lt51.xls）。

つまり成人子世代において、男性の雇用不安定化と、女性の労働力化という性別分業の変化がおこった。ただし**図1－3b**の35～44歳に示す通り、女性の再就職後の働き方は非正規雇用が多い。それに加えて(Ⅲ)ゼロ成長期になると、15～24歳という未婚期においても非正規雇用で働く女性が増加している。

3 家族形態の変化

働き方の変化は、家族のあり方にも影響を与えた。**図1－4a**によると、(Ⅰ)高度成長期においては、「核家族」世帯や「単独」世帯の割合が増加し、逆に「その他の親族」世帯（その中心は三世代世帯）の割合が減少した（核家族化）。これは雇われて働くサラリーマンが増加したことの影響である。

しかし(Ⅱ)低成長期や(Ⅲ)ゼロ成長期では、「核家族」世帯の割合は緩やかに減少しはじめる。それに対して、一人暮らしの「単独」世帯の割合は増加し続ける。さらに、「核家族」世帯の内わけを見ると、典型的な核家族である「夫婦と子ども」は減少しているが、「夫婦のみ」と「女親と子ども」の割合は増加している。

こうした変化は65歳以上の高齢者に限定しても同様であり、**図1－4b**に示したように、「三世代」世帯の割合が減る半面、「単独」世帯や「夫婦のみ」世帯で暮らす人が増えている。さらにこの65歳以上の図で注目されるのは、「親と未婚の子のみ」世帯のコンスタントな増加である。これは、次に見る晩婚化・未婚化の表れであり、その背景には、先に見た若年の非正規雇用の増加があると考えられる。

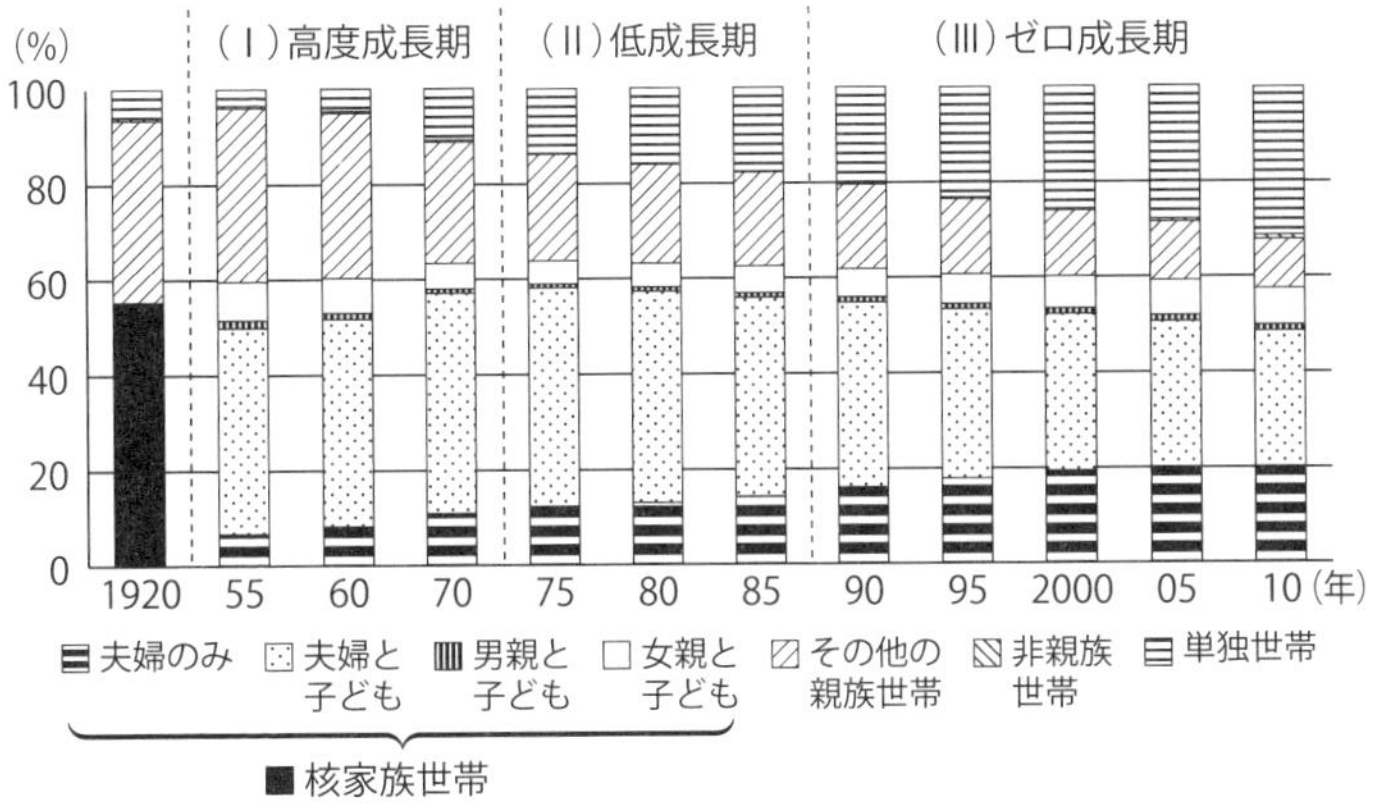

図 1-4a　家族類型別の世帯数の割合（普通世帯）（日本）

（資料）国立社会保障・人口問題研究所編『人口統計資料集 2015』表 7-11 による（元のデータは総務省統計局『国勢調査報告』）。

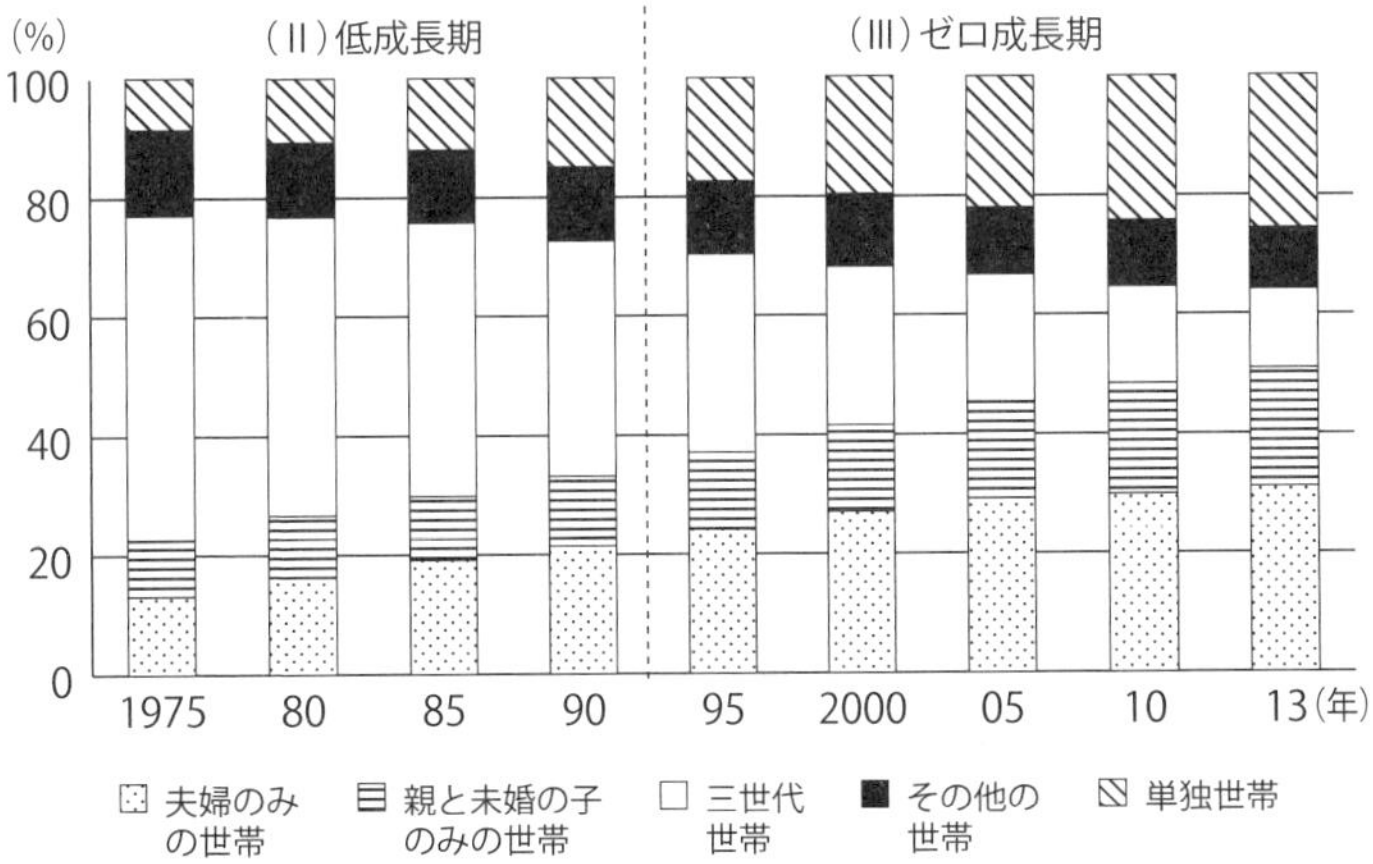

図 1-4b　家族類型別の 65 歳以上の者のいる世帯数の割合（日本）

（資料）国立社会保障・人口問題研究所編『人口統計資料集 2015』表 7-15 による（元のデータは厚生労働省統計情報部『厚生行政基礎調査報告』および『国民生活基礎調査』）。

第2節　人口学的変化——親子関係の長期化と緊密化

経済環境の変化にともない、人々の寿命や結婚・出産行動も変化した。その変化は、①長寿化、②晩婚化・未婚化、③少子化、④女児を望む意識の高まりとまとめることができる。

1　長寿化

まず長寿化として平均寿命は、1950〜52年は男性59・6歳、女性63・0歳だったものが、2010年には男性79・6歳、女性86・3歳と、それぞれ約20年と23年も伸びた。2010年時点で女性の方が（男性より）約7年長生きであるうえに、夫婦の年齢も妻が年下であることが多いため、女性の方が、配偶者と死別してあとに遺される（無配偶になる）ことが多い。

2　晩婚化・未婚化

人々の結婚行動と、経済成長の時期区分（**図1－1**）との間には対応関係が見られる。**図1－5**で初婚年齢は実線、生涯未婚率は点線で示されている。

まず初婚年齢（実線）を見ると、(I)高度成長期には、稼ぎ主である男性の雇用安定を背景に、男女とも横ばいあるいは低下傾向を示し、早婚傾向にあった。

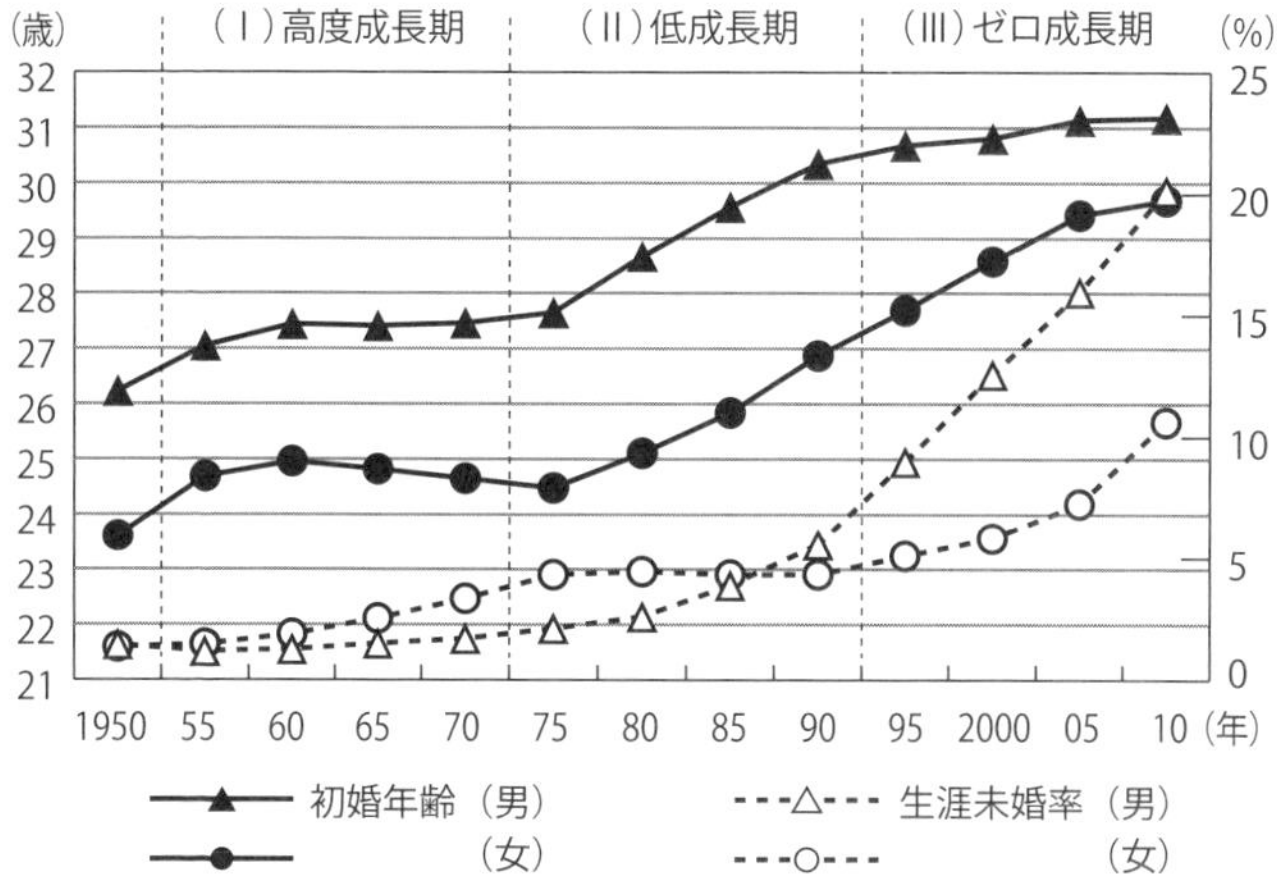

図 1-5　初婚年齢（左目盛り）と生涯未婚率（右目盛り）（日本）

（資料）国立社会保障・人口問題研究所編『人口統計資料集 2015』表 6-23 による（元のデータは総務省統計局『国勢調査報告』より算出）。

しかし(Ⅱ)低成長期になると、男女とも初婚年齢は上昇する。(Ⅲ)ゼロ成長期に入ると、男性の初婚年齢は高止まりのまま横ばいに転じるが、それと入れ替わるように生涯未婚率（点線）は急上昇する。女性の初婚年齢（実線）は、(Ⅲ)ゼロ成長期にも上昇するが、それが横ばいに転じる２０１０年頃には、入れ替わるように生涯未婚率（点線）が急上昇し始める。こうした晩婚化・未婚化の背景には、若年世代における非正規化など雇用の不安定化（第１節を参照）がある（加藤 2011：永瀬 2002）。

3　少子化

45～49歳の既婚女性が産んだ子ども数は、戦後復興期（１９５０年）においては平均４・８人だったが、(Ⅰ)高度成長期の終わり頃（１９７０年）には３人を下回り、(Ⅲ)ゼロ成長期のはじめ

表1-1　理想の子ども数別に見た、子どもの性別の理想の組合せ別、夫婦割合（%）（日本）

理想子ども数の男女児組み合わせ		（Ⅱ）低成長期		（Ⅲ）ゼロ成長期				
		1982年	1987年	1992年	1997年	2002年	2005年	2010年
1人	男児1人・女児0人	51.5	37.1	24.3	25.0	27.3	22.2	31.3
	男児0人・女児1人	48.5	62.9	75.7	75.0	72.7	77.8	68.7
2人	男児2人・女児0人	8.8	4.1	2.7	2.1	1.9	2.2	1.9
	男児1人・女児1人	82.4	85.5	84.0	84.9	85.9	86.0	87.9
	男児0人・女児2人	8.9	10.4	13.3	13.0	12.2	11.8	10.2
3人	男児3人・女児0人	0.7	0.5	0.3	0.4	0.6	1.1	0.9
	男児2人・女児1人	62.4	52.3	45.1	38.4	41.6	38.5	40.7
	男児1人・女児2人	36.2	46.2	52.9	58.9	55.4	58.3	55.4
	男児0人・女児3人	0.7	0.7	1.6	2.3	2.4	2.1	3.1

（注）対象は、理想子ども数が1人以上の初婚どうしの夫婦のうち、男女児組み合わせに理想があると回答した夫婦。（理想子ども数4人以上の組み合わせについては省略。）

（資料）国立社会保障・人口問題研究所編「平成22年　第14回出生動向基本調査（結婚と出産に関する全国調査）第Ⅰ報告書　わが国夫婦の結婚過程と出生力」より作成（http://www.ipss.go.jp/syoushika/bunken/DATA/pdf/207616.pdf）。

頃（1997年）には2・1人になっている。この結果、親子関係は、親と少数の子の関係となり親密化した。

また子ども数が減った結果、子どもは息子だけ、あるいは娘だけという人も増えた。その場合、人々は息子と娘のどちらを望むのか。**表1−1**によると「子どもが1人」の場合、以前は男児を望む人が多数派だったが、(Ⅱ)低成長期の終わり頃（1987年）に逆転が起こり、女児を望む人が多数派となった。この時期に男児を望む人が減ったことは、公的年金制度の発達（第4節を参照）と関係があるかもしれない。

以上のように親−成人子関係は、①長寿化によって長期化し、②晩婚化・未婚化によって未婚期の親子関係が長期化したが、これは親−成人子間の親密度を高めていると考えられる。さらに③少子化によっても、親−成人子間は親密化した。そして老後の経済的支えである公的年金が充実した後は、④女児を望む意識が高まった。

こうした人口学的変化は、親と既婚子の同居・援助にどのような影響を及ぼしているだろうか。

第3節　親–成人子関係についての法・制度の変遷

1　明治期～第二次世界大戦終了まで——父系の直系家族

法的家族像

ここまでは経済や人口の変化を見てきたが、法や制度も親–成人子関係に大きな影響を与える。それぞれの国・時代の法や制度は、一定の家族像を想定している。これを利谷（1987：68）にしたがって「法的家族像」とよぼう。**表1–2**に、明治期から現在までの親–成人子関係に関連する法・制度の変遷を示した。この表を参照しつつ順に見ていこう（詳しくは大和（2008）も参照）。

戦前の日本における法的家族像は、「父系の直系家族」であった。

まず1871（明治4）年には戸籍法が定められた。戸籍は戸主を筆頭におき、その下に家族員を、尊属（親や祖父母）・卑属（子や孫）、直系（親子関係）・傍系（きょうだい関係）という儒教的な価値基準にもとづいて配列した（久武 1988：利谷 1991）。戸主は、老親を扶養・介護するものと考えられていた（小川 1958）。ここに見られる家族像は直系家族である。

最初の民法（「旧民法」とよぶ）は、1890（明治23）年に公布された。この旧民法は、フランス人法

表 1-2　家族法と公的年金・介護制度の発達（日本）

	〈戸籍〉 編製原理	〈民法〉 扶養権利者の順位	〈公的支援〉 経済＝年金 （男性に期待される役割）	〈公的支援〉 介護 （女性に期待される役割）	〈社会的背景〉
第2次世界大戦前	父系の直系家族	（旧民法：配偶者＞親・子） 明治民法：親＞子＞配偶者	選別主義	なし	明治民法･戸籍法 天皇制･富国強兵 自営業中心 直系家族
戦後～1950年代	核家族	配偶者・子＞親		選別主義	**戦後復興期** 憲法・民法・戸籍法の改正
1960年代			**普遍主義** **・開始期** 1961：国民（皆）年金 （ただし、年金額はわずか）		**(I) 高度成長期** サラリーマン化 核家族化
1970年代			**・発展期** 1973：厚生・国民年金の改革 （年金額上昇）		**(II) 低成長期**
1980年代			**・成熟期** （金額も十分） ・家族扶養の代替、つまりあてにできる年金 （ただし男性は自分の年金、女性は夫の年金）		
1990年代				**普遍主義** **・開始期**（量的に全く不十分） 1989：ゴールドプラン	**(III) ゼロ成長期** 少子高齢化 グローバル化
2000～				**・発展期**（量的に不十分） 2000：公的介護保険（ただし家族介護の補助として設計） 2005：介護保険法の改正（要介護度が低い場合のサービス抑制） ・成熟期（家族介護の代替）には達していない	

（出所）大和（2008）をもとに加筆・修正。

学者ボアソナードの指導のもとにつくられ、その法的家族像は、（近代西欧社会と同様の）「夫婦を中心とする核家族」であった。そのため旧民法は、公布後、日本の伝統的な家族道徳（「孝」など）を破壊するという反対（民法典論争）にあい、廃止された（石井 1958）。

その後1898（明治31）年に、新たな民法（「明治民法」とよぶ）が公布・施行された。この明治民法の家族像は「父系の直系家族」であった。たとえば扶養権利者の順位は、直系尊属（親や祖父母）、直系卑属（子や孫）、配偶者、…の順であり、旧民法とは異なり、親を、子・配偶者より優先する規定となった。扶養の方法については、別居して生活費を渡すのではなく、同居を原則とすることを示す規定になった（石村 1958）。相続についても、長男子の単独相続とされ、妻や他の子どもたちには原則として相続権はなかった。また明治民法の公布とともに改正された戸籍法においても、息子は結婚後も戸主である親と同じ戸籍にとどまり、その妻も夫と同じ戸籍（つまり多くの場合、戸主である夫の父の戸籍）に入り、戸主権に服し、戸主と同じ氏を名のった（久武 1988）。

こうした「父系の直系家族」という法的家族像は、当時の社会的要請に適合的だった。第一に、経済・軍事面での「富国強兵」という要請に関しては、まず当時の産業は家族経営が中心だったので、経営の維持存続を図るためには、戸主による家族労働力の統制と戸主への家産の集中が必要だった。そのためにも「家」の秩序は権威主義的なものでなければならなかった（利谷 1991）。さらに高齢者の扶養・介護を家族の私的責任とすることにより、公費を産業・軍事の費用に振り分けることが期待された。第二に、イデオロギー面では、忠孝一致のイデオロギー（天皇への忠と親への孝の、同一性ないし類似性を強調する）によって、天皇制を支える役割を期待された（川島 2000［1955］）。

公的扶養・介護制度

戦前の公的扶養・介護はどのようなものだったか。

公的扶養・介護の制度は、「選別主義」にもとづくものと「普遍主義」にもとづくものに分けることができる。「選別主義」とは公的支援の受給資格を判定するために、申請者の稼働能力・資力・親族扶養の可能性の審査をともなう制度で、これらがない場合にのみ受給資格を得ることができる。選別主義の制度の受給には「恥（スティグマ）」の含意をともなう。一方「普遍主義」の制度とは、上記のような審査を要しないもので、この制度の利用には「権利」の含意をともなう（河野 1999）。

戦前の公的扶養制度は、家族による私的扶養の原則のもと、スティグマをともなう選別主義にもとづくものだった。制度としては恤救規則（1874＝明治7年）と救護法（1929＝昭和4年）があるが、これらはともに、本人に稼働能力がある場合は保護対象からはずし、家族や隣保による扶助が得られない場合にのみ、公的扶助を行うというものだった（小川 1958）。

選別主義でない老後の経済的支援としては、軍人や官吏に対しての恩給があった。また民間企業の労働者に対しては、戦中に、労働者年金保険制度（1941＝昭和16年）と、それを拡充した厚生年金保険制度（1944＝昭和19年）が創設されたが、20年間の拠出が必要であり、また年金額もわずかであることが予想されたため、当時においては老後の頼りとなるような制度ではなかった（百瀬 1997：山崎 1985）。

以上のように戦前においては、家族が老親を私的に扶養・介護することが原則とされた。したがって「孝」規範を人々の心に叩き込むことが求められ、「忠孝一致」など儒教的家族道徳の教育によってそれが行われた（川島 2000［1955］：新村 1991：折井 1997）。

2　戦後復興期――核家族

法的家族像の変化

敗戦後、民法改正により家制度は廃止された。戦後の法的家族像の中心は、以下に見るように、夫婦と未婚の子からなる「核家族」である（利谷 1991）。この家族像は、①民主化と②経済成長という、当時の日本社会の要請に適合的だった。つまり、①イデオロギー面では、天皇制とつながりやすい「父系の直系家族」にもとづく制度は避ける必要があった。また、②経済成長のためには、労働力の地理的移動（需要のある場所で働くこと）や社会的移動（家業と違っていても、需要のある仕事につくこと）が必要であるが、そのためには、直系家族より核家族の方が適合的である。

具体的な制度を見ていこう。まず戸籍法が改正され、戦後の戸籍法では戸籍を共にするのは夫婦と未婚の子であり、親夫婦と子夫婦が同じ戸籍に入ることは禁じられた。また民法も改正され（「戦後民法」とよぼう）、扶養について「直系血族及び同居の親族は、互いに扶け合わなければならない」（親族は6親等以内の血族および、3親等以内の姻族）と定めはしたが、扶養の順位・方法などは具体的に定めず、当事者の協議にゆだねることにした（白紙条項）。しかしその後、民法の解釈として、配偶者と未婚子に対する扶養は、強い義務の「生活保持義務」（一片のパンを分け合うような扶養で、扶養の程度は自己と同程度で、最低限の所得をも分かち合う）であるが、親や成人子などそれ以外の親族については、それより弱い「生活扶助義務」(自己の普段の生活を犠牲にすることなく、その余力の範囲内で相手を扶養する)を負うにすぎない、という考えが定着した(中川 1976)。これらの点からも法律は「核家族」を想定している。

こうした戸籍法や民法の改正と、それにともなう法的家族像の変化は、老後の扶養に関して、事前の予想ができないという頼りがいのなさを人々に印象づけた(湯沢 1970)。また「戦後民法によって親の扶養義務はなくなった」という印象を一部の人に与え、高齢者の不安を強めた(川島 2000[1955])。

公的支援制度

法的家族像が「核家族」に変わったことに対応して、老後の公的支援、特に選別主義でなく、普遍主義にもとづく支援が必要とされたが、1950年代までは十分ではなかった。

まず経済的扶養に関しては、普遍主義の制度として、戦中に発足した厚生年金制度がある。これは戦後インフレによる休止状態から、1954年の改正により立て直しが図られた。しかし20年間の拠出後、受け取る年金額は平均的夫婦で月3500円(当時の工業労働者の平均賃金の20%)というわずかなものだった(山崎 1985)。また農業者・自営業者には公的年金はなかった。これ以外の公的支援は、選別主義の生活保護(旧法は1946年、新法は1950年)であり、低所得者を対象としている。

介護に関しても、1950年の新生活保護法では、高齢者を世話する施設として養老施設(救護法の養老院を継承する施設)が設けられたが、これが利用可能なのは低所得者であり、選別主義の制度であった。

したがって多くの人々は老後の扶養を子どもに頼らざるをえなかった。1969年と1973年に行われた調査の結果によると、どちらの調査においても、60歳以上の回答者のうち老後、自分たち夫婦の収入や財産だけで「生活できる」という人は約3割だけであり、「生活できない」という人が約6割と多数派であった。「生活できる」という人に主な収入源を尋ねると、自営業が主流であった実態を反映し、事業・勤労収入や財産収入をあげる人が多かった。一方「生活できない」という人に、何に頼ろうと思っているかを尋ねると、9割以上の人が子ども・親戚と答えている。そして実際に、国勢調査によると1960（昭和35）年においては、65歳以上人口の約9割が子どもと同居しており、1970（昭和45）年の時点でも約8割が子どもと同居していた（大和 2008）。

3　1960～2000年代初めにおける経済的扶養の制度

1950年代後半から始まった高度経済成長は、産業構造や家族構造を大きく変えた。1950年以降、第一次産業人口は大きく低下した一方で、第二次・第三次産業人口は増加した。また自営業世帯が減少した一方で、サラリーマン世帯が増加した（第1節を参照）。

こうした経済成長をさらに進めるためには、人々が職業や就業地を移動しやすいことが必要であり、そのためには老親と別居する核家族の方が都合がよい。しかしながら先に見たように、この時期の高齢者は、老後の扶養を子に頼らざるをえなかった。そこで高齢者に対する公的支援制度を整え、成人子と親が同居せずに、それぞれが核家族を形成できることがめざされた。

高齢者への公的支援は経済面と介護面に分けられ、それぞれの発達の時期は異なる。まず先行して発達した経済的扶養（おもに男性に期待される役割）の制度を見ていこう。

1960年代（開始期）

戦前・戦中に作られた被雇用者を対象とする厚生年金に加えて、1961年には農業者や自営業者を対象とする国民年金が発足し、すべての国民が公的年金でカバーされることになった（「国民皆年金」とよばれた）。しかし、どちらも年金額はわずかであった。厚生年金については先述のとおりであり、また国民年金についても、発足当時予定された給付額は、25年間の拠出で月額2000円、夫婦2人で4000円だった（Campbell 1992=1995：山崎 1985）。

しかしその後、厚生年金においては1965年の改正（「1万円年金」）、国民年金においては1966年の改正（夫婦2人で月額1万円）を契機として、老後の頼りになるような支給額がめざされ、年金額は上昇していく。

1970年代（発展期）

1973年には厚生年金と国民年金のさらなる改革が行われた。まず厚生年金については、「5万円年金」の支給をめざして厚生年金保険法が改正された。この改正により、標準的な年金額は現役労働者の平均賃金の60％を確保するという原則と、物価スライド制が打ち出され、以後この原則にしたがって、年金額は毎年のように引き上げられることとなった。また国民年金についても、夫婦で月額

5万円の支給をめざすという改正が行われた。これらの年金額の上昇に対応するため、公的年金制度はそれまでの修正積み立て方式から賦課方式へ（つまり将来の年金を、自分自身が積み立てるものから、現役世代の保険料によって支えられるものへ）と変化していった（小島 2002；駒村 2003；山崎 1985；1988）。

1980年代以降（成熟期）

1973年の改正を画期に年金額が上昇していった結果、1980年代に入ると、老後の生活費において年金が中心的位置を占めるようになった。『国民生活基礎調査』とその前身である『厚生行政基礎調査』によって、高齢者世帯（男65歳以上、女60歳以上の者のみで構成するか、またはこれらに18歳未満の者が加わった世帯）の総所得に占める年金・恩給の割合を見ると、1976年には26・6％だったものが、1982年には43・2％へ上昇している。さらにモデル的計算によると、平均的勤労者は、1972年までは厚生年金と貯金利子を合わせても老後生活費の4割程度をまかなえたに過ぎないが、1980年には老齢年金のみで43・0％、これに貯金利子を加えると65・3％をまかなうことが期待できるようになった（山崎 1985）。つまり1980年代初めには、年金によって、子とは経済的に独立した生活を営める高齢者が増えていき、公的年金は家族による扶養の「代替」と位置づけられるようになった（大和 2008）。

4　１９６０〜２０００年代初めにおける介護の制度

１９６０〜80年代（選別主義の時代）

次に、介護制度の発達について見ていこう。介護（主に女性に期待される役割）は家族の私的責任とされたため、介護における公的支援は、時期でも規模でも年金より30年近く遅れた。

１９８０年代まで、公的介護サービスは家族を持たない人や低所得者に対するものしかなく（選別主義）、だれもが利用可能なサービスはなかった。たとえば、１９６３年に老人福祉法が制定され、養護老人ホームと特別養護老人ホームが設けられた。前者の養護老人ホームは、生活保護法の養老施設を継承する施設であり、入所資格として経済上の理由が必要要件であった。また後者の特別養護老人ホームは、介護を必要とする人を対象とし経済的要件は課されないことになっていたにもかかわらず、実際の入所判定においては生活困窮度を考慮に入れざるをえず、実際に多くの場合、介護する家族のいる高齢者は利用が難しかった。さらに老人家庭奉仕員（後のホームヘルパー）制度においても、国の運営要綱（１９６２年）では、国庫補助の対象を（生活保護法上の）要保護老人世帯と規定した（河畠 2001：百瀬 1997）。以上のように介護に関しては、選別主義の原則が実質的にさまざまな場面で維持された。

しかし１９８０年代になると、長寿化によって介護が必要な高齢者が増加し、また年金の発達によって高齢者の単独世帯や夫婦のみ世帯が増えた。こうした実態を背景に、家族のみによる介護の困難さが多く報じられるようになり（「老老介護」「介護心中」「介護殺人」など）、それを問題視する動きが社会的に目立つようになった（河畠 2001）。これらに促されて厚生省は１９８２年に、老人家庭奉仕員の派遣要件から所得制限を廃し、家族があり低所得でもない高齢者も、公的サービスを利用できる方向、つまり選別主義から普遍主義に政策を転換した（百瀬 1997）。

1990年代（開始期）

こうした選別主義から普遍主義への政策転換が、施設での介護も含めて大規模な形で展開されるのは、1989年の「高齢者保健福祉推進十か年戦略（通称ゴールドプラン）」の策定以降である。ゴールドプランでは、介護サービスの急速な整備方針と財政の投入が示され、さらに1994年には新ゴールドプランによって、整備目標値の上方修正が図られた。ゴールドプランの実施にともない、サービス提供主体が社会福祉法人から民間営利団体・NPO法人などに拡大された（小林 2013）。その結果、ホームヘルパーは急増し、低所得ではない一般世帯にも普及するようになった。

2000年代〜（発展期）

2000年からは普遍主義にもとづく公的介護保険制度が始まった。その結果、公的介護サービスの利用者数や費用（介護給付費等）は大幅に増加した。制度開始時（2000年度）とその10年後（2010年度）の利用者数を比較すると、施設サービスは60万人から84万人へと1・4倍に、また居宅サービス（ホームヘルプなど）は124万人から302万人へと2・4倍にも増加した。費用についても施設サービスは1・1倍に、そして居宅サービスは3倍にも増加した（藤崎 2013）。

しかしながら、施設サービスにおいては、特に大都市近郊において需要が供給を上回り、利用したくてもできない状況が続いたし（藤崎 2002：『日本経済新聞』大阪版 2005年2月22日）、居宅サービスにおいても、介護保険のみによってすべての介護をまかなおうとすると費用負担が大きいため、家族による介護支援は不可欠であった（梶 2003：染谷 2003）。

さらに2005年には、利用者・費用の増加による介護保険財政のひっ迫に対応するため、介護保険法が改正され（改正介護保険法、2006年4月施行）、制度の大幅な見直しが行われた。見直しの柱の一つは、要介護度が高い人への身体介護に重点を置き、要介護度が低い人への生活援助を抑制することであった。具体的には、要介護度の認定区分を変更し、要介護度が低い（要支援1～2）と認定された場合には、従来の「介護給付」ではなく、新設の「予防給付」の対象とされた。「予防給付」においてはサービス支給の限度額が大幅に削減され、カバーできるサービスの範囲も狭まった。生活するうえでは必要なのに予防給付ではカバーされないさまざまなニーズに対しては、私費によるサービスや家族による援助で対応するしかない（森川 2015）。こうした状況を藤崎は、「介護の社会化」と逆行するものとして、「介護の再家族化」とよんでいる（藤崎 2009）。

つまり介護においては、家族による介護が中心であり続けており、公的サービスは家族介護の「代替」というより、「補助」として位置づけられている。この意味で介護面での公的支援は、年金とは異なり、「成熟期」には至っていない（大和 2008）。

こうした制度のあり方が、現在の親－成人子関係に対してもつ意味について、経済面と介護面を比較しながらまとめよう。まず経済的扶養（主に男性に期待される役割）については、公的年金が家族扶養の「代替」となったために、男性は親の扶養からおおむね解放された。それだけでなく、年金によって経済的ゆとりができた高齢世代は、成人子への経済的援助も可能になり、世代間での援助方向の逆転も見られるようになった。一方、介護（主に女性に期待される役割）は、公的サービスが家族介護の「補助」と位置づけられているため、女性は親の扶養から解放されていない。さらに近年は少子化（娘がいない）・未婚化（嫁がいない）の影響もあり、息子が介護役割を担うことも増えている（平山 2014）。

5　2000年代後半〜――親―成人子関係を再強化する政策

ここまで見てきたように、戦後の法的家族像は「核家族」であり、公的支援制度も親世代と成人子世代がそれぞれ自立できるよう支援するものが中心だった。

しかし2000年代の後半、介護保険のサービス抑制（「介護の再家族化」）が図られた頃から、親と成人子の関係を強める政策が目立つようになった。その背景には、公的財源が不足する中、高齢者支援、子育て支援（少子化対策として）、多世代コミュニティの形成（地方の人口減少対策として）などを、家族内の助けあいという私的努力によって行うといった意図がある。

たとえば税制においては、教育資金（2013年度〜）、結婚・子育て資金、住宅取得等の資金（2015年度〜）を、祖父母・両親が子・孫に贈与した場合の、贈与税の非課税措置の創設・延長・拡充がされた（安岡 2015）。

また住宅政策においても、高齢者支援、子育て支援、多世代コミュニティの形成支援など多様な観点から、親と既婚子の住まい方が検討された。住生活基本計画（住宅政策の根拠を形成）が2006年、

２０１１年に策定され、そこでは三世代の同居・近居の促進が課題とされた。自治体レベルでは、たとえば神奈川県は２０１２年に「多世代近居のまちづくり推進」を重点施策とし、神戸市は２０１３年に親・子世帯の支え合いを促す目的で同居・近居のための転居費用を助成する事業を開始した。また都市再生機構（ＵＲ）は２０１３年から、親・子世帯の近居を支援するために、機構住宅を使って親子の近居を開始した世帯に、家賃割引を適用した（平山 2016）。

その後の内閣を中心とした政策では、他の支援より「子育て支援」が特に強調された。たとえば２０１５年３月に閣議決定された「少子化社会対策大綱」では、子育て支援のために、三世代同居・近居を支援する政策を検討するとされた。また２０１５年10月に発足した第３次安倍改造内閣では、「少子高齢化の流れに歯止めをかけ、誰もが活躍できる『一億総活躍社会』の実現」をめざす方針が打ち出され、子育て支援の手段として、同居・近居の環境整備が緊急の対応を要することとして重視された（平山 2016；筒井 2016）。

さらに、これを受けた国土交通省の住宅施策では同居・近居の両方ではなく、「同居」のみが支援対象となった。具体的には２０１６年度の予算において、住宅の建設やリフォームにおける三世代同居対応が補助の対象となった（ただし対象となるのは、建設においては省エネルギー性能・耐久性に優れた木造住宅、リフォームにおいては住宅の長寿化に資するもの）。また同居対応のリフォームに関し、所得税の特例措置が創設された（平山 2016）。

こうした三世代「同居」への支援が、はたして少子化対策として有効なのかについては、議論がある。たとえば平山洋介によると、内閣府の世論調査（２０１３年）では、子育て世代にあたる30歳代の人々において、理想の住まい方として、三世代の同居をあげた人は非常に少ないが（男性14・9％、女性10・7％）、近居をあげた人は多い（男性50・0％、女性48・5％）。また少子化対策は、人口が多いのに出生率が低い大都市で特に必要だが、三世代同居を実現している人の住宅は広いことから、大都市でこのような条件が満たせる人は少ない。したがって三世代同居が、少子化対策として有効かは疑問であると論じている（平山 2016；筒井 2016 も参照）。

以上のような親−成人子関係を再強化する政策の有効性を検討するためにも、人々の世代関係の実態を見る必要がある。たとえば実際には、既婚子のうちどのような人々が親世代と同居しているのだろう。育児支援が必要な子育て中の人だろうか、それとも親の世話・介護が必要な人だろうか。また同居している親は、夫方の親と妻方の親のどちらが多いのか。

第4節　ジェンダー関係についての法・制度の変遷

前節では「世代」に注目したが、この節では夫婦など「ジェンダー」に注目し、日本の法・制度がそれらについてどう規定してきたか、その変遷を見ていこう。

1　明治期〜第二次世界大戦終了まで——男女不平等

戦前の法・制度が想定した家族像は、世代関係については「父系の直系家族」であったが（第3節を参照）、ジェンダー関係については「男女の不平等」であった。たとえば、女性は結婚すると法的無能力者とされ、契約や不動産の処分など一定の重要な法律行為をするには夫の許可を得なければならなかった。妻には、財産の所有権はあったが、財産を使う権利（管理・処分権）はなく、妻の財産は夫が管理することとされた。相続においても、（子・孫など直系卑属がいる限り）妻の相続権はなかった。さらに子の親権者は（父親がいないなど例外的な場合を除き）父親のみで、母親に親権はなかった（沢津 1995）。

2　戦後復興期——形式的男女平等

戦後になると、憲法・民法・戸籍法などが改正された。その結果、この時期の法・制度が想定したジェンダー関係は、①「形式的には男女平等」であるが、②「暗黙の想定として男性稼ぎ主型」（男は仕事、女は家庭、つまり性別分業）というものである。

まず、①形式的男女平等については、新憲法の下、性別や出生順位による差別を法律で定めることはできなくなった。それを受けて戦後の民法では、既婚女性の法的無能力の規定は廃止され、妻は財産の所有権だけでなく管理・処分権も持てるようになった。また相続についても、妻の相続権や、子の均分相続が定められた（利谷 2010）。さらに姓についても、夫婦の姓として、夫か妻のどちらかの姓を選ぶことができる規定となった。

しかしながら、②「暗黙の想定として、男性稼ぎ主型」であった。たとえば、当時の家族は農業・自営業が多く、そうした家族では確かに女性も働いていた。しかし雇われて働く場合には男女差別があったために（次項の男性稼ぎ主型雇用システムを参照）、多くの女性は結婚・出産を機に退職せざるをえず、男性に経済的に依存せざるをえなかった。こうした男性稼ぎ主型の夫婦関係は姓の選択にも表れており、夫と妻のどちらの姓を選んでもよいが、実態としては現在でも圧倒的多数の夫婦（2005年で96・3％）が夫の姓を名のっている（厚生労働省 2007）。この時期の法律は、こうした性別分業を積極的に是正するようには作られておらず、②男性稼ぎ主型の家族を暗黙裡に想定していた。

3　高度成長期――男性稼ぎ主型の実質化

高度成長期になると、雇用において男性稼ぎ主型の雇用システムが広まり、男性稼ぎ主型の家族の形成をあと押しすることとなった。この雇用システムは**表1-3**のような特徴をもつ（稲上 1999：野村 1994：大和 2014：Yamato 2016）。

労働者は、まず(A)正規雇用と(B)非正規雇用に分けられ、さらに正規雇用の中も、(A1)中核（長期雇用で管理職への昇進を期待される）と、(A2)周辺（結婚・出産までの短期雇用で管理職への昇進は期待されない）に分けられる。採用については、(A)正規雇用はおもに新規学卒者から採用されるが、(B)非正規雇用はおもに中途採用である。労働条件については、(A1)正規の中核雇用者は長期安定雇用・昇進・昇給・企業内

表 1-3　男性稼ぎ主型の雇用システムとその変化（日本）

従業上の地位	(A) 正規雇用		(B) 非正規雇用
企業内労働市場での位置	(A1) 中核	(A2) 周辺	周辺
キャリアトラック	長期雇用・管理職	結婚前雇用・管理職にならない	短期雇用・管理職にならない
採用	新規学卒		中途・再就職
労働条件[a]	高	低	低
企業への忠誠の要求[b]	高	低	低
労働者のセグメント化			
(Ⅰ)高度成長期（～1970年代初め）	男性	女性（未婚）	高齢者･出稼ぎ･日雇い等
(Ⅱ)低成長期（～1990年頃）			女性（既婚）
(Ⅲ)ゼロ成長期（1990年代初め～）			女性（既婚）に加えて
若年男性◆	◆→	→	→
若年女性●	←	●	→

（出所）大和（2011）をもとに作成。
[a] 長期安定雇用・昇進・昇給・企業内訓練など。
[b] 長時間労働・残業・地理的移動をともなう転勤など。

訓練といった有利な労働条件を提供されるが、その代わりに企業への忠誠（たとえば長時間労働や地理的移動をともなう転勤など）を求められる。一方、(A2)正規の周辺雇用や(B)非正規雇用の労働条件は不利・不安定で、長期安定雇用・昇進・昇給・企業内訓練などはあまり期待できないが、上記のような忠誠は求められない。

このようなシステムは、大規模企業や、ホワイトカラー職においてより適用されやすい（野村 1994）。なぜなら、企業規模が大きいと、不況時でも正規の中核雇用を維持しやすいし、ホワイトカラー職は、長期雇用を経て管理職への昇進を期待される職だからである。

以上のようにこの雇用システムは、性と婚姻上の地位によって労働者をセグメント化する。ただし誰がどのセグメントに振り分けられるかは、時代とともに変化した。高度成長期までは、(A1)正規の中核雇用は男性、(A2)正規の周辺雇用は未婚か出産前の女性、そして(B)非正規雇用は日雇い労働者・出稼ぎ労働者・高齢者などが中心であった。

4　低成長期――男性稼ぎ主型の部分修正と強化

次に石油危機を経て低成長期になると、一方で、男性稼ぎ主型雇用システムに部分修正が施されたが、もう一方で、税・社会保障など公的制度を通じて男性稼ぎ主型が強化された。**表1-3**の(II)低成長期で説明しよう。

部分修正

まず部分修正については、一つめとして、低成長の中で利益を確保するために、企業は労働コストの削減を迫られた。しかしこの雇用システムにおいて、(A1)正規の中核雇用は、さまざまな法・慣行によって保護されているため解雇が難しい（野村 1994）。そのため多くの企業は、新規に採用する正規雇用の数を抑制し、その分を、(B)非正規雇用のパートタイマーを増やすことで補った。この部分修正の結果、(B)非正規雇用が増加し、そこに再就職の既婚女性が主に雇われるようになった（乙部 2006：大和 2011）。

二つめの部分修正として、国連の「女子差別撤廃条約」（国連総会で１９７９年採択）に日本が批准（１９８５年）するために、国内法の整備の一貫として「男女雇用機会均等法」が制定・施行（１９８５年・１９８６年）された。この結果、正規雇用内の、性・婚姻上の地位にもとづくセグメント化は違法となったが、それにもかかわらず、あからさまな性別ラベルをはずした形で、同様のセグメント化が維持された（たとえば総合職／一般職といった名称を用い、前者には主に男性、後者には主に女性を雇用するという形で維持された）（乙部 2010）。こうした部分修正によって男性稼ぎ主型雇用システムは実質的に維持された。

強化

同じ時期に、男性稼ぎ主型が公的制度によって強化された。公的制度とは、男性稼ぎ主型の家族、つまり妻が、サラリーマンである夫の被扶養者（専業主婦か、一定の年収未満で働くパートタイマー）であるような家族を優遇する税・社会保障制度である。

たとえば税制においては、妻が夫の被扶養者である場合、配偶者控除の拡大によって、夫の税負担が軽減された。

また医療・年金・介護などの社会保険（第3節3を参照）は、当初から男性稼ぎ主型の家族イメージにもとづいて設計された。たとえば年金を例にとると、被雇用者（その多くは男性）は年金に加入しなければならないが、被扶養の妻には加入義務がなく、加入しない場合は無年金となり、夫の年金に依存することが想定されていた。低成長期になると、被扶養の妻を、保険料負担なしで保険に加入させ、高齢期になると年金を支給するという優遇措置（第3号被保険者制度とよばれる）が導入された。これも男性稼ぎ主型家族を優遇するものであった。しかも彼女らの年金額はわずかであり、夫の年金に依存することが想定されていることに大きな変化はなかった（大沢 2007）。

5　ゼロ成長期——男性稼ぎ主型の揺らぎ

しかしゼロ成長期になると、企業にとって、男性稼ぎ主型の雇用制度を維持することが難しくなった。その背景として、第一に、経済のグローバル化によって国際競争が激化し、企業は労働コストをさらに切り詰める必要に迫られたこと、そして第二に、少子高齢化によって現役世代の人口が減る中で、労働力や税・社会保障費の負担者として、女性の就業と能力活用がより切実に求められたことがある。男性稼ぎ主型雇用制度の変化を**表1－3**の(Ⅲ)ゼロ成長期で説明しよう。

男・女における非正規雇用の増加

第一の労働コスト削減のために、企業はこれまで新卒の男・女は、そのほとんどを(A)正規雇用として採用していたが、新卒を(B)非正規雇用として採用する割合が高まった（**図1－3b**を参照）（玄田 2001：太郎丸 2009）。これは若年の男・女両方にかかわる変化である。

女性における正規の中核雇用の増加

第二の女性の能力活用のために、女性に対する就業支援制度が発達した。これは若年の女性にかかわる変化である。女性の就業支援制度は、男女雇用機会均等法を契機に1980年代後半から発達し始めたが、特に2000年以降は質的にも充実した。こうした支援制度は大きく二つに分けることができ、一つめは職場での機会均等への支援、二つめは育児の支援である（Siaroff 1994）。

一つめの職場における男女の機会均等については、(Ⅱ)低成長期の1986年の「男女雇用機会均等法」の施行時点では、男女間の差別のうち、定年・退職・解雇については禁止されたが、募集・採用・配置・昇進については努力義務だったため、機会均等を推し進める力は弱かった。しかし(Ⅲ)ゼロ成長期1997年の改正（1999年施行）では、募集・採用・配置・昇進、さらに教育訓練における差別も禁止規定となり、職場での機会均等が実質的に進んだ（乙部 2010：武石 2006）。

二つめの育児支援（育児休業、保育サービスなど）については、1990年代初めから、育児休業法（1992）、エンゼルプラン（1994）による保育所の拡充などが定められた。しかしこれらの多くは「働く母親」のみを対象にし、育児と仕事の両立をいわば「例外視」する傾向があった。ところが2000年代になると、未婚化・少子化傾向に歯止めがかからないことを背景に、支援制度の質的転換が図られ、男性（妻が専業主婦である男性も含む）も含めた働き方の見直しをめざす施策が進められる（たとえば2002年「少子化対策プラスワン」、2003年「少子化社会対策基本法」、2004年「子ども子育て応援プラン」など）（武石 2006）。こうした質的変化によって、育児と仕事の両立を「例外視」する傾向は弱まり、働く母親にとっても制度はより利用しやすいものになった（日本放送協会 2011）。

こうした支援制度が発達する前は、新卒の女性はそのほとんどが、(A2)正規だが周辺雇用として短期で退職する位置づけであった。しかし支援制度の発達により、一部の女性は結婚・出産後も正規雇用を続けやすくなり、(A1)正規かつ中核の雇用と位置づけられるようになった。

ただしこれらの支援制度が適用されるのは、原則として正規雇用者であり、その中でも資金・人的資源に余裕がある大規模企業の労働者である。非正規雇用や、小規模企業の労働者は、これらの制度を利用できないことも多い。つまり上記のような制度の発達によって、出産・育児期に雇用を継続して(A1)正規の中核雇用に入れる女性と、一旦は退職して(B)非正規雇用として再就職する女性の、二極化という動きが生まれた（大和 2014：Yamato 2016）。

まとめると、成人子世代における性別分業のゆらぎは二つの形で進んだ。第一は男性の雇用不安定化であり、第二は（女性の二極化の結果として）正規安定雇用を継続できる女性の増加である。成人子世代におけるこうした性別分業の変化も、親との関係に影響を与えていると考えられる。

この章では、親―成人子関係を取り巻く社会環境として、経済、人口、そして法・制度の変化と特徴を概観した。

では、こうした環境のもと、現代の親と成人子はどのような関係を結んでいるだろうか。次の第2章では、先行研究の理論や実証分析を検討しそれを踏まえて、この研究独自の視点・分析目的・仮説を定める。

第3章以降ではそれらの視点・仮説をもとに、データの分析を行い、現代の親―成人子関係の姿を探っていきたい。

第2章

世代関係についての新しい視点
──「夫婦の個人化」

第1節　親─成人子関係についてのさまざまな理論

社会の変化にともない親と成人子の関係も変化する。社会の変化が親─成人子関係にどのような影響を与えるかについては、**表2─1**の①～⑦のように大きく七つの理論枠組みに分けることができる。これらのうち①～⑤は主にこれまでの先行研究で用いられてきた理論であり、最後の⑥～⑦は本研究で注目する理論である。

表の**A**列は、社会の変化によって親─成人子関係が「弱まったか、維持されたか、あるいはむしろ強まったか」について各理論がどうとらえているかを示し、**B**列は、「夫方親との関係（父系）が中心的か、妻方親との関係（母系）が中心的か、それとも両方の関係が重視されるか（双系）」について各理論がどうとらえているかを示している。

この第1節では、先行研究で用いられた理論枠組みである①～⑤について説明し、第2節では、先行研究における実証分析の結果を見ていく。第3節では、本研究の理論枠組みである⑥～⑦について

表 2-1　家族内の親－成人子関係についての主要な理論枠組み

	A	B
	親－成人子関係の強さ（弱化 vs. 維持 vs. 強化）	夫方優位 vs. 妻方優位 vs. 双系
①「孤立核家族」論（Parsons 1949 など）	**弱化**	**双系**
②「修正拡大家族」論（Litwak 1960 など）	**維持**	**妻方優位**
③「文化的規範」論（Palmore and Maeda 1985 など）	**維持**	**夫方優位**
④「人口学的要因」論		
④ -1「世代間の連帯」論（Bengtson 2001 など）	**強化**	
④ -2「双系化」論（落合 2004［1994］など）		**性別分業のない双系**
⑤「政策・制度」論（Walker 1993；1996 など）	政策・制度により異なる	
⑤-1「パラサイト・シングル」論（山田 1999）「生涯にわたる家計支持者」論（大和 2008）	**親から成人子**という方向の援助が**強化**	
⑤-2「男性稼ぎ主型制度」論（大和 2010 など）		**性別分業型の双系**
⑥「夫婦の個人化」論（春日 2010 など）	**維持**	**夫婦の個人化**（夫は夫方優位、妻は妻方優位）
⑦「女性の親族関係維持役割」論（Hagestad 1986；Rosenthal 1985 など）	**維持**	夫は**夫方優位**、妻は夫方・妻方**両方の親との関係を維持**

説明し、なぜこれらの新しい枠組みが必要かについて論じる。最後の第4節では、これらの新しい枠組みにもとづいて、本研究の問いを設定する。

まず①〜⑤について順に説明しよう。

①「孤立核家族」論

第一次産業（農林漁業）中心の社会から、第二次産業（鉱工業）・第三次産業（商業・サービス業）中心の社会への変化は、産業化とよばれる。産業化は、親－成人子関係にも大きな影響を及ぼした。「孤立核家族」論（たとえばParsons 1949）は、産業化にともない親－成人子関係は弱化すると考える。この説によると、産業化前の、第一次産業や自営業が中心の社会では、成人子は親と同居し、仕事と生計を共にすることが多かった。そこでは母－娘関係より、仕事を通じて結ばれた父－息子関係が重視された。しかし産業化によって第二次・第三次産業が中心になり、雇われて働くサラリーマンが多数派になった社会では、子どもたちは成人すると、親とは別の職業につき、別の場所に住み、生計も別にすることが多くなる。したがって産業化が進むと親－成人子関係は弱まり、特に、それぞれが別の仕事をするようになる父－息子関係は弱まる。その結果、産業化前のように息子との関係が重視される傾向は弱まり、息子との関係と娘との関係がより均等になる、つまり双系化が進むというのがこの説の立場である。

この立場にもとづく日本についての研究として、松成（1991）、森岡（1980）、森岡・望月（1993［1983］）、Tsuya and Martin（1992）などがある。

②「修正拡大家族」論――妻方優位

上記のような孤立核家族論を批判したのは、「修正拡大家族」論を主張する研究者たちである。これらの研究者たち、たとえばリトワク（Litwak 1960）は、産業化が進んだ社会においても親－成人子関係は維持されると主張する。彼によると、交通・通信手段の発達により、離れて住んでいても親と成人子は活発に行き来・連絡ができ、相互に強力な援助（私的な生活保障）を提供しあえる。つまり親と成人子は、地理的には別居して核家族であっても、機能的には互いに緊密に援助しあう拡大家族（多世代が同居する家族）のような関係を保っている。このように別居しても緊密に結びつく家族を、リトワクは「修正拡大家族」（modified extended family ＝居住形態のみが別居に修正された拡大家族）とよんだ。その後に続く多くの研究は、リトワクの論じる通り核家族は孤立しておらず、実態により近いのは修正拡大家族論であることを実証的に示した（Adams 1970；Allan 1979；Bott 1971［1957］；Gans 1982［1962］；Milardo 1988）。

では修正拡大家族における親－成人子関係は、夫方優位か妻方優位か。この点について、これ以降の研究はさまざまな考えを示した。修正拡大家族論自体は、産業化が進みサラリーマンが中心となった社会では、仕事を通じた父－息子の結びつきは弱まるが、家事・育児・介護などケアの相互援助を通じた母－娘関係はあまり弱まらないので、妻方優位の傾向が強まると論じた（Graham 1985；Townsend 1957）。

③「文化的規範」論——夫方優位

これに対して文化的規範の影響を重視する研究者たち（たとえばPalmore and Maeda（1985）は、日本のような「孝」や父系を重視する文化的規範がある社会では、産業化が進み職業のあり方が変化しても、親−成人子の親密な関係や、娘より息子との関係を優先する父系の意識・慣行は維持されると論じた。

近年の研究においても、日本では、高齢者とその子の同居率が欧米ほどには減少していないこと（西岡 2000）や、娘より息子との同居が多いこと（施 2008）の理由として、父系規範が要因の一つとしてあげられている。これらも「文化的規範論」の立場からの解釈だといえる。

ちなみに成人子の結婚後に、どの子が親元にとどまるかに注目して親族文化を分類すると、「複数の息子を残す（兄弟の連帯重視の拡大家族）」「子は残さない（核家族）」「複数の娘を残す（兄弟姉妹の連帯重視の拡大家族）」「1子のみ残す（直系家族）」「複数の息子を残す（兄弟の連帯重視）」タイプで、息子たちが皆で連帯して親と同居したり援助したりすることが文化的に期待される。それに対して日本は「1子のみを残す」タイプで、残される子は主に長男だが、息子がいない場合や後継ぎとして適切でないと判断された場合は、娘を残して婿を取る。こうして残された子のみが親との同居・援助を期待され、他の子は排除される（中根 1991［1977］）。したがって日本では、結婚後に兄弟姉妹が連帯して親を援助するという文化的伝統が弱い。これは現在の兄弟姉妹関係にも影響を及ぼしていると考えられる。

④「人口学的要因」論（「世代間の連帯」論と「双系化」論）――性別分業なき双系

人口学的要因（長寿化・少子化など）の影響を重視する研究者たち、たとえばベングッソン（Bengtson 2001）は次のように論じる。長寿化によって、親と子が人生を共にする期間は以前に比べて長期化した。しかも修正拡大家族論が指摘したように、親と子はたとえ別居していても、頻繁に接触し相互に援助しあっている。また少子化によってきょうだい数が減少したため、親と一人一人の子どもとの関係はより緊密になった。さらに有職女性やシングルマザー／ファザーの増加によって、家事・育児・介護・生計・その他において、親－成人子の助け合いはますます重要になっている。こうした人口学的要因により、近年、親－成人子関係は弱まるどころかむしろ強まっていると主張する（世代間の連帯論）。

また落合（2004［1994］）も少子化に注目し、日本の親－成人子関係について次のように論じる。少子化にともない、長男と長女の結婚（あるいはひとり息子とひとり娘の結婚）は今後、ますます増えるだろう。そうなると、これまでのような夫方優先を貫くこと（たとえば夫方の親と同居したり、別居でも夫方親との関係を優先させる）は、夫と妻（あるいは夫方親と妻方親）の間で多くの軋轢を生むだろう。そうした軋轢を避けるために今後は、「双系化」（両方の親とバランスよく付き合っていく関係）が進むだろうと論じる。落合が論じる双系化は、きょうだい数が減少しきょうだい内での性別分業（たとえば親と同居するのは息子など）が維持できなくなるために起こる双系化なので、「性別分業のない双系化」だといえる。

⑤「政策・制度」論（日本では「男性稼ぎ主型制度」論）——性別分業型の双系

ここまでで紹介した「孤立核家族」「修正拡大家族」「文化的規範」「人口学的要因」の各論はそれぞれ、産業化、文化的規範、あるいは人口学的変化が、親ー成人子関係に、特定方向の影響を及ぼす（たとえば関係を弱める、あるいは、強める）と論じている。それに対して「政策・制度」論の立場をとる人々、たとえばウォーカー（Walker 1993：1996）は、これらの影響は「真空」で起こるのではなく、その社会が採用している特定の政策・制度に「媒介」されて起こる。したがって産業化、文化的規範、あるいは人口学的変化の影響は、その社会の政策・制度がどのような性質なのかによって異なると主張する。

では第二次世界大戦後の日本において、政策・制度はどのような性質をもち、そうした政策・制度の下で、どのような親ー成人子関係が形成されてきたか。

第一に、特に1980年代以降、公的生活保障（特に年金などの経済面）が、高齢者に手厚く、現役世代には乏しいという特徴がある（詳しくは第1章第3節を参照）。その結果、親から成人子に援助するという方向での関係が強まったと予想できる（**表2ー1**の⑤ー1）（大和 2008：山田 1999も参照）。

第二に、戦後日本における政策・制度は「男性稼ぎ主型」であり、男は仕事、女は家庭という男性稼ぎ主型の家族を優遇するという性格をもつ（大沢 2007）（詳しくは第1章第4節も参照）。こうした夫婦の役割分担が、親との関係にも延長されるので、経済的援助はおもに夫方親との間で交換され、世話的援助（家事・育児・介護など）はおもに妻方親との間で交換されると予想する。こうした関係を「性別分業型の双系」とよぼう（**表2ー1**の⑤ー2）（大和 2010）。

第2節　これまでの研究でわかったこと

1　北西ヨーロッパやアメリカにおける研究

前節でみた①~⑤の予想のうち、実証研究で報告されているのはどのような親ー成人子関係だったか。

まず、北西ヨーロッパやアメリカの研究をまとめると、経済的援助は、「息子ー親」と「娘ー親」でほぼ均等で双系的であるが、世話的援助は「娘ー親」の方が多く妻方優位である。以下で詳しくみてみよう。

まず遺産の相続は、子の性別・出生順位に関わらず均等に行われることが多い（Finch and Mason 2000 : Izuhara 2004 : Rowlingson and McKay 2005 : Szydlik 2004）。

次に経済的援助も、日常的な援助は「息子ー親」と「娘ー親」でほぼ均等である。具体的には、子→親という方向では、夫方の親に援助する人の割合と、妻方の親に援助をする人の割合で大きな違いはない（Shuey and Hardy 2003）。逆方向の親→子への援助では、子の性別による違いはなく、収入の少ない子に、親はより多く援助する傾向がある（McGarry and Schoeni 1997）。

それに対して世話的援助においては、「息子ー親」より「娘ー親」の方が多い（子→親と親→子の両方向ともそうである）。つまり世話は女性役割という性別分業が残り、それが世代関係にも表れている（Henretta et al. 1997 : Horowitz 1985 : Shuey and Hardy 2003 : Spitze and Logan 1990 : Stoller and Earl

1983：Wolf, Freedman, and Soldo 1997. また Adams（1970）や三谷（1972）によるレビューも参照）。

最後に同居については、欧米では世話的援助と結びつき、「娘との同居」が通常のやり方である（Sweetser 1964：1968）（また Adams（1970），三谷（1972），Spitze and Logan（1990）によるレビューも参照）。

以上から北西ヨーロッパやアメリカにおいては、経済的援助や相続は「息子－親」と「娘－親」が均等で双系化が進んでいるが、世話的援助や同居は「娘－親」が中心（妻方優位）で、世話は女性役割という性別分業の影響が残っている。

2　日本での研究

日本ではどうか。高度成長～低成長期までの法・制度は、形式的には男女平等だが、実質的には男性稼ぎ主型という特徴をもっていた。そしてゼロ成長期以降はそれがやや揺らいでいる（第1章第4節を参照）。こうした制度のもとでの親－成人子関係として、先行研究ではどのような特徴が報告されているか。

これまでに行われた大規模な量的調査の結果を**表2－2**にまとめた。この表にしたがってみていこう。

まず相続という、系譜に関連し経済的でもある関係においては、一貫して夫方中心である。また同居も、一貫して夫方中心である。この結果から、同居は、日本では系譜との関係が強い。欧米では世話的援助との関係が強いことと対照的である。

表 2-2　親ー成人子の援助関係についての先行研究の知見（「息子－親」間と「娘－親」間の比較に注目して）（1980 年代～、日本）

		夫方優位 （息子＞娘 あるいは 夫の親＞妻の親）	妻方優位 （娘＞息子 あるいは 妻の親＞夫の親）	両方同じ （息子≒娘 あるいは 夫の親≒妻の親）
系譜	相続 （遺産・贈与）	浜田（2006） 坂本（2006）：受取期待		
	（住宅・農地等・金融資産）	野口・上村・鬼頭（1989）		
	同居	金・朴・小島（1998） 田渕（1998） 西岡（2000） 田渕・中里（2004） 坂本（2006） 施（2008）		
経済的援助	子→親	三谷・盛山（1985） 白波瀬（2005b） 岩井・保田（2008）		施・金・稲葉・保田（2016）
	親→子	三谷・盛山（1985）	岩井・保田（2008）	白波瀬（2001）
世話的援助	子→親（注）		三谷・盛山（1985） 白波瀬（2005b）	岩井・保田（2008） 鈴木（2010）
	（介護）		小山（2001） 大久保（2004） 菊澤（2007）	
	親→子		三谷・盛山（1985） 西岡（1997）：特に若年 白波瀬（2001；2005a） 岩井・保田（2008） 施（2008）	

（注）ただし施・金・稲葉・保田（2016）の分析結果はこの表の分類には当てはまらない。施らの分析によると、1999 年時点では「両方あり」と「両方なし」が多いが、2009 年時点では「夫親のみ（夫方優位にあたる）」と「妻親のみ（妻方優位にあたる）」が増えて 4 パターンの分布が均等化した。

次に日常の経済的・世話的援助については、「性別分業型の双系」がみられる。具体的に見ていこう。まず経済的援助、特に「子→親」という成人子がイニシアティブをとる援助においては、妻方親より、夫方親への援助のほうが一貫して多いことが報告されている。これは男性稼ぎ主型制度の影響だと考えられる。ただし逆方向の「親→子」という、親世代がイニシアティブをとる援助においては、息子への援助の方が多いという結果もあるが、息子へと娘への援助が同じくらいだったり、（小遣い程度の少額の援助を含む場合には）娘への援助が多いという結果もある。

一方、世話的援助においては、「親→子」と「子→親」の両方向で、「娘—親」という妻方ラインでの援助の方が、「息子—親」という夫方ラインでの援助より多いと報告されている。さらに世話と親和性が高い介護においても、近年「娘—親」という妻方ラインが強まる傾向が報告されている（ただし大久保（2004）は、1930年代前半までの出生コーホートでは、夫方と妻方の両方の親を介護したという人も増えており、双系化の傾向もあると論じている）。

以上から、近年の大規模な量的調査によると、相続・同居といった系譜との関連が強い関係や、高額の経済的援助については、「息子—親」という夫方ラインが優先され、一方、世話的援助は「娘—親」という妻方ラインが優先される傾向にある。そうであるとするならば、現代日本における家族内の親—成人子関係は、「性別分業型の双系」があてはまるように見える。

しかしこれらの先行研究はそのほとんどが（意図的な場合もあれば非意図的な場合もあろうが）、世代関係において「夫婦が一体」となって行動しているものとみなす（三谷・盛山 1985：36）という暗黙の前提にしたがっている。しかしこの暗黙の前提を見直す必要があるのではないか。次の第3節ではこの点について検討し、本研究の理論枠組みを示そう。

第3節 「夫婦は一体」から「夫婦の個人化」へ

1 「夫婦は一体」という暗黙の想定

第1節で紹介した①～⑤の理論（**表2－1**も参照）は、世代関係において「夫婦が一体」となって行動している（三谷・盛山 1985：36）と暗黙のうちに想定している。たとえば、①孤立核家族論や、④－2の双系化論は、夫も妻も、親世代との関係は双系的であると想定する。また、②修正拡大家族論は、夫も妻も、親世代との関係は妻方優位であると想定し、逆に、③文化的規範論は、夫も妻も、夫方優位であると想定している。そして⑤－2の男性稼ぎ主型制度論も、親世代との関係は夫婦ともに、経済面では夫方優位であり、世話面では妻方優位であると想定している。

こうした、世代関係において「夫婦は一体」とする暗黙の想定は、実証的調査・分析の設計に影響を与えている。**表2－2**で紹介した日本の研究それぞれについて、調査・分析の対象を検討すると、次の3タイプに分けることができる。

(1) 成人子である女性の回答のみ、あるいは男性の回答のみを、分析する。したがって男女の比較はしない。

(2) 成人子である男女両方の回答を分析するが、男女の比較あるいは考察はしない。

(3) 成人子とその実親との関係のみを調査・分析し、義親（配偶者の親）との関係は対象としない。

つまり、夫と妻（あるいは既婚男性と既婚女性）で、親・義親との関係を比較するという研究はこれまでほとんど行われておらず（ただし次項で紹介する田渕（2009）は貴重な例外）、夫と妻の比較という視点はほとんど重視されてこなかったといえる。このような設計の背後には、世代関係において「夫婦は一体」という暗黙の想定があったのではないか（あるいは「親族関係を維持するのは妻の役割なので、妻を調査すればよい」という想定があったのかもしれない）。

2 「夫婦の個人化」論

しかし近年、「夫婦は一体」という想定が、現実の家族関係に当てはまらないと考える「個人化」論が現れている。これが本研究の一つめの視点であり、**表2−1**の⑥に示した。

たとえばギデンス（Giddens 1992）によると、過去の社会では、法や社会規範から逸脱しないよう、あるいは経済的利益を得るために、人々は家族・結婚といった親密な関係を結び、そこでの役割に従って行動した。しかし近年、家族・夫婦といった集団が、個人に対して生活保障を提供する機能が弱まり（たとえば未婚化、離婚の増加、男性稼ぎ主型雇用システムの揺らぎなど、第1章を参照）、さらに個人の自由を重視する意識も高まった。その結果、現代社会では「純粋な関係性」のために（つまり「その人と一緒にいたい」など関係自体を目的にして）人々は親密な関係を結ぶようになった。

これを世代関係に当てはめると、過去の社会では、夫・妻ともに父系規範にしたがって夫方親との関係を優先していたが、現代社会では「その人と関係を持ちたい」という「純粋な関係性」を重視する傾向が強まった。その結果、夫は夫方親、妻は妻方親との関係を優先するようになった、と仮説を立てることができる。

ちなみに個人化論には、「個人の自由の拡大」といったプラス面に注目するものが多いが、ベック（Beck 1986）のように「リスクの個人化」（つまり個人が決定・遂行するが、失敗の責任も個人が負わねばならない）というマイナス面を強調する議論もある。

日本の世代関係についても、近年、夫婦の個人化を示すような研究が発表されている。たとえば春日（2010）は学生の介護意識を調査し、男子も女子も、配偶者の親ではなく、自分の親を介護したいという意識が高まっていることを報告している。もしこうした意識が結婚後も続くとすれば、夫婦ワンセットで親・義親と関係をもつのではなく、夫は夫の親との関係を優先し、妻は妻の親との関係を優先するといった傾向が強まる可能性がある。

実際に田渕（2009）は、全国調査のデータで男女を比較し、成人子から親への非金銭的援助（相談・看病・手伝いなど）や、別居の親との会話において、男女とも、配偶者の親より自分の親への援助・会話の方が多いことを報告している。また平山（2014：2017）は男性に注目して、息子が自分の親を介護する事例を紹介している。

こうした、夫は夫親、妻は妻親との関係を優先する傾向を「夫婦の個人化」とよぼう。親・義親との関係における「夫婦の個人化」が強まる背景として、次のようなことがあげられる。若い世代で父系規範が衰退し男女平等意識が高まっていること、少子化によりきょうだい数が減り親子の親密度が高まっていること、さらに親の長寿化と子の晩婚化・未婚化により未婚成人子と親という関係が長期化し、その点でも親子の親密度が高まっていること、などである（第1章第2節を参照）。

3 「女性の親族関係維持役割」論

しかし、「夫婦の個人化」論とは異なる予想もある。それを「女性の親族関係維持役割」論とよぼう（**表2－1**の⑦を参照）。

たとえば欧米の研究では、現代社会においても女性は親族関係を維持する（kin-keeping）役割があると論じられている（Hagestad 1986；Rosenthal 1985）。

日本についても、文化人類学者の中根千枝（1991［1977］：126）は次のように論じている。「親類の家々を結ぶネットワークも、現実にはこうした姉妹、妻といった女性成員をとおして維持されていることも重要な側面です。…こうした傾向は、家制度はなやかなりしころにもじゅうぶん存在したものですが、家制度が崩れてきた今日の家族にはいっそう顕著にみることができます」。実際に日本での近年の調査でも、女性が親族関係の担い手・仲介者であることが報告されている（嶋﨑 2009；田渕 2009；施・金・稲葉・保田 2016）。

もしそうだとするならば、「男性は夫方優先だが、女性は夫方・妻方の両方の親に同じくらい援助し、両方の親から援助を受けとる、いわば窓口になる」という予想が成り立つのではないか。

そして、父系規範が残る中で夫婦の個人化も進行する、つまり両者が並存する状況も、この傾向を強めているかもしれない。つまり、男性は、父系規範も「夫方優先」、個人化も「自分の親、つまり夫方優先」を促進するので、両方の影響で夫方優位の世代関係をもつ。しかし女性は、父系規範による「夫方優先」と、個人化による「自分の親、つまり妻方優先」が並存する結果、「夫方・妻方の両方の親と同じくらい援助しあう」ことになる。

以上のような、⑥「夫婦の個人化」論や、⑦「女性の親族関係維持役割」論を検証するためには、「夫婦は一体」という想定をはずし、世代関係において夫と妻を比較する必要がある。

第4節　「夫婦の個人化」「性別分業の変化」は世代関係をどう変えたか

1　世代関係における「夫婦の個人化」

そこで本研究の視点として、第一に、子夫婦についても親夫婦についても、「夫婦は一体」という想定をはずして分析する。

子夫婦における夫と妻の比較　まず子夫婦において、夫・妻のそれぞれが、自分の親・配偶者の親のそれぞれと、どのような関係を持っているのかを比較する。たとえば「夫は夫方親との関係を優先し、妻は妻方親との関係を優先する」といった個人化は見られるだろうか。

親夫婦における父と母の比較　さらに同居の分析においては、親夫婦についても「父と母は一体」という想定をはずし、父との同居と母との同居を比較する。このような比較が必要な理由については後に詳しく論じるが（第4章第1～2節を参照）、ここで簡単に紹介する。親との同居は、「始めから同居」（結婚当初から同居）と、「途中同居」（結婚当初は別居し、後に同居）に分けられるが、年金の充実などにともない、近年、後者の「途中同居」が増えている。「途中同居」は、父母のどちらかが配偶者と死別した後であることも多く、この場合は無配偶の父、あるいは無配偶の母との同居なので、「父母一体」の同居ではない。

そして「父母一体」でない場合、父と母では社会的に期待される役割が異なるために、父との同居と母との同居では、その理由や意味が異なる可能性がある。たとえば欧米では、母子関係の方が親密であることや、父には男性として自立が期待されることなどの理由で、母との同居の方が多い。日本では逆に、「家」の系譜は父から受け継ぐとされるので、父との同居は望ましいと考えられ、父との同居の方が多い可能性もある。実際はどうだろうか。

2　成人子世代における性別分業の変化

本研究の第二の視点は、成人子世代における性別分業の変化が、親との関係にどのような影響を与えるかである。

ゼロ成長期以降（1990年代以降）、男性稼ぎ主型が揺らぎ、若年世代において、一方で男性の雇用不安定化、もう一方で女性の中核雇用への進出（特に正規雇用の女性）という変化がみられる（第1章第4節を参照）。つまり、子世代の一部において、性別分業が弱まっている（ただし公的制度では、税や社会保障は2016年現在大きく変化せず、男性稼ぎ主型夫婦への優遇は続いている）。

こうした成人子世代における性別分業の弱まりは、親との関係にどのような影響を与えているだろうか。たとえば妻の経済力が高まると、妻方親との同居や援助が増えるのだろうか。

3　同居と近居の比較

本研究の第三の視点は、居住関係の分析において、同居と近居を比較することである。

第1章第3節でみたように、2000年代以降、政策がめざす家族像に揺らぎが見られる。これまでの、親世帯・子世帯がそれぞれ自立して生活できるようにする政策とは異なり、親世帯と子世帯の相互依存を強める政策が目立つようになる。さらに相互依存として、当初は「近居」や「多世代コミュニティの形成」など多様な関係を包含していたが、2015年以降は「少子化対策」としての「同居」が強調されるようになった。

しかしこれに対しては、少子化対策として「同居」は本当に有効なのか、若い世代はむしろ「近居」による育児援助を求めているのではないか、「同居」の推進は実際には介護のためではないか、といった疑問が提示されている。

そこで本研究では、同居と近居の規定要因を比較することにより、同居はどのようなニーズに対して選択され、一方、近居はどのようなニーズに対して選択されているのかについて検討したい。

次章以下では、

第一に、世代関係において「夫婦の個人化」は起こっているか、

第二に、成人子世代の性別分業の変化は、親－成人子関係にどのような影響を及ぼしているか、

第三に、親との同居と近居で、規定要因はどう異なるか、

といった問いを中心に据えて、同居（第3～4章）、経済的・世話的援助（成人子→親と、親→成人子の両方向）（第5～6章）について分析する。

第3章 夫方同居・近居と妻方同居・近居

第1節 同居か近居か？ 夫方か妻方か？

「親―成人子」関係のさまざまな側面のうち、本章と次章（第3～4章）では居住関係をとりあげる。

同居・近居・遠居 居住関係は同居と別居に大きく分けることができ、さらに別居は、近居（近くに住む）と遠居（遠くに住む）に分けることができる。

「規範」的同居と「非規範」的同居 また同居の中でも、どの親と、どのタイミングで同居するかという点で多様であり、「規範」的同居と「非規範」的同居に大きく分けることができる。日本においては、夫方親との同居、結婚当初からの「始めから同居」、そして父との同居（父系規範では家の系譜は父から子へと受け継がれるから）などが「規範」的同居とされる。これに対して妻方親との同居、結婚当初は別居し親が高齢になってから同居する「途中同居」、そして母との同居（母は「借り腹」などと言われ、家の系譜を受け継ぐ存在とはみなされないから）などは「非規範」的同居である。前者の「規範」的同居は文化的規範にしたがった同居であり、後者の「非規範」的同居は実際的ニーズに対応するための同居である。そのために「規範的」同居と「非規範的」同居では、誰と、どのタイミングで、どんな理由で同居するかなど、同居の性格が異なると予想できる。

夫方親と妻方親との比較　この章では第一に、夫方親と妻方親との居住関係を比較する。日本では第二次世界大戦前はもちろん戦後においても、父系規範の影響で、妻方同居より夫方同居の方が多かった。では近年の社会環境の変化（第1章を参照）は、このような同居のあり方にどのような影響を及ぼしているだろうか。たとえば子世代の性別分業の変化（女性の就業の増加など）によって、妻方親との同居が増えるといったことはあるだろうか。

同居と近居の比較　第二に、同居と近居の比較にも注目する。これまで、日本における世代間の居住形態についての研究は、同居か別居かという二分法で考えられることが多かった。この背景には、親との同居という文化的規範が、近代化によって弱まっているかという問題意識があった。

しかし近年、別居が増えるにともない、別居の中でも、近居（近くに住む）と遠居（遠くに住む）が区別されるようになった。たとえば近年の世論調査によると、若い子育て世代では、同居より別居、そして別居の中でも遠居でなく、近居を理想とする意識が高まっている（平山 2016）。このような意識は、文化的規範に従った居住形態より、自分たちのニーズに適した居住形態を選ぼうとする意識だと予想される。では実際に、育児援助や親の世話といったニーズは、親との「同居」を促進するのだろうか、それとも「近居」を促進するのだろうか。

第2節　これまでの研究からみた夫方親／妻方親との同居・近居

1　夫方同居が多い日本

日本において、子ども夫婦など親族と同居する65歳以上の高齢者は、１９６０年には約９割（86・8％）と大半を占めていたが、２０００年には50・5％と半数にまで減少した（国立社会保障・人口問題研究所編 2003）。その10年後の２０１０年には45・9％とさらに減少し、そのうちわけを見ると、「子ども夫婦」との同居は17・5％と少なく、逆に「配偶者のいない子」との同居が24・8％と最も多く、「その他の親族」との同居が３・６％となっている（国立社会保障・人口問題研究所編 2015）（**図1－4b**も参照）。つまり高齢者と子との同居は減少し、その中でも特に、子ども夫婦との同居は少数派となっている。

しかし欧米先進国との国際比較（内閣府 2010）によると、60歳以上の高齢者が、既婚の息子／娘と同居している割合は、アメリカ（３・０％／３・８％）、スウェーデン（０・４％／０・１％）、ドイツ（２・０％／２・０％）に対して、日本は（15・０％／７・３％）であり、これらの国々と比べると、日本ではまだ高齢者と既婚子との同居は多いといえる（Blome, Keck, Alber（2009）も参照）。

では、夫方親との同居（規範的同居）と妻方親との同居（非規範的同居）ではどちらが多いか。先述の国際比較調査（内閣府 2010）は、親の視点からみた既婚の息子／娘との同居率を報告しているが、これで息子と娘の違いに注目すると、アメリカ、スウェーデン、ドイツではほとんど差がないのに対して、日本では息子との同居は娘との同居の約２倍である。つまり日本における既婚子との同居は、規範的同居である息子との同居に偏っているといえる（なお、子の視点からみても同様に、妻方親より、夫方親との同居の方が多い。田渕（2010）や千年（2013a）を参照）。

それでは近年になるにつれ、夫方同居（あるいは息子との同居）への偏りは弱まっているか。まず、親の視点から見た調査として、先述の国際比較調査（内閣府 2010）によると、既婚の息子との同居率は1981年（第1回調査）の41・1％、1990年の33・3％、そして2010年調査の15・0％へ大きく減少しているが、既婚の娘との同居率は同じ期間に9・2％、8・6％、7・3％とあまり減少していないので、夫方同居への偏りは弱まっている。一方、子の視点から見た調査として、国立社会保障・人口問題研究所の「全国家庭動向調査」（有配偶女性が対象）によると、1993年（第1回調査）から2013年の間に、夫方同居の割合はあまり変化していないが、妻方同居はほんのわずか増えているので、やはり夫方同居への偏りはわずかに弱まっているといえるかもしれない（千年 2013a）。（なお後者の調査で、子の視点からみて夫方同居があまり減っていないのは、きょうだい数の減少の影響かもしれない。）

2　近居や遠居の状況

次に親と別居している場合は、どの程度の距離に住んでいるのか。「全国家庭動向調査」によると、親と「60分未満」の距離に住んでいる人の割合は、1993年では約5割だったが、2013年には約6割に増えて、近居化の傾向が見られる（夫方・妻方、父親・母親でほぼ同じ）（千年 2013a）。「60分未満」をより細かく区分して、夫方親と妻方親との距離を比較すると、同居に近い「同じ敷地内の別棟」は、夫方親との場合により多いのに対して、典型的な近居である「15～30分」「30～60分」は妻方親との場合により多い（千年 2013a）（これと同じ傾向は田渕（2011）による「全国家族調査」の分析でも見られる）。つまり、同居や同じ敷地内に住むのは夫方親とが多く、（同居はせずに）近くに住むのは妻方親とが多い。このような形で、夫方同居慣行が残っているといえる。

3　同居の規定要因

それでは日本では、どのような場合に同居しやすいのか。これまでの研究によると同居の規定要因は、規範要因と、より実際的なニーズ・資源要因の二つに大きく分けることができる。

規範要因　規範要因も、地域レベル、家族レベル、そして個人レベルに分けることができる。まず、地域レベルの規範要因としては、第一に、人口が集中していない地域（つまり非都市部）に住んでいることは、同居を促進する。この理由として、非都市部では親との同居という伝統的規範の影響が残りやすいからだと考えられる。第二に、日本では地域によって親族文化が異なり、たとえば東北や北陸などは伝統的に拡大家族が多く、逆に四国や九州などは伝統的に核家族が多い（速水 2001：清水 2013）。そして伝統的に拡大家族が多い地域に住んでいることは、同居を促進する。

次に、家族レベルの規範要因としては、きょうだい構成において成人子が「跡継ぎ」の位置を占めていること（つまり息子であること、息子の中でも長子であること、男きょうだいがいない場合は長女であることなど）は、同居を促進する。さらに親あるいは成人子が自営業であることも、子の「跡継ぎ」としての地位を強めるので同居を促進する。

最後に、個人レベルの規範要因としては、学校教育は近代的な考え方を育てるので、学歴が高い人は、伝統的な居住形態である同居を選択しない傾向がある（金・朴・小島 1998；坂本 2006；施 2008；嶋﨑 2009；田渕・中里 2004；Yasuda et al. 2011）。

ニーズ・資源要因　同居のニーズがあったり、同居するための資源があるといった実際的要因も、同居に影響を与える（金・朴・小島 1998；坂本 2006；田渕 1998・2006；田渕・中里 2004。なお、大和（2010）によるレビューも参照）。

具体的に見ると、まずニーズ要因については、親側のニーズとして、親が高齢であることは同居を促進する。成人子側のニーズとしては、成人子に幼い子どもがいることは、育児支援のニーズが高まるので同居を促進する。そして親・成人子の両方に関連するニーズとしては、親あるいは成人子の社会経済的地位（学歴や収入など）があまり高くないことや、無配偶であることなどは、同居のニーズを高めることになり、同居を促進する。

次に資源要因としては、親あるいは成人子が一戸建ての持ち家に住んでいることは、同居の資源となるので、同居を促進する。

4　夫方同居と妻方同居の規定要因の比較

では、これらの要因の効果は、夫方同居と妻方同居で同じだろうか。先行研究によると、規範要因

（たとえば非都市部に住んでいることや、成人子が長男であることなど）は、夫方同居を強く促進するが、妻方同居は逆に抑制する。なぜなら夫方同居こそが文化的規範に従った同居だからである（西岡 2000：施 2008：坂本 2006）。

またニーズ・資源要因も似た傾向があり、たとえば親が高齢・単身であること、子が経済的に豊かでなかったり育児援助の必要があることなどは、夫方同居を強く促進するが、妻方同居に対しては夫方ほどには促進しない（西岡 2000：施 2008：坂本 2006）。この理由として、夫方同居という文化的規範があるため、ニーズ・資源という理由から同居する場合でも、妻方親より、夫方親が選ばれやすいと考えられる。

5 同居と近居の規定要因の比較

次に、同居と近居で規定要因はどう異なるのか。近居は同居の延長と考えることもできるので、同居と近居の規定要因は似ているのではないか。

このような先行研究はまだ多くないが、その中で貴重な例として千年（2013b）の分析がある。千年は、世帯主とその親について、同居／近居／遠居の規定要因を比較している。その結果によると、同居と近居の規定要因は必ずしも同じでないことがわかった。同居にのみ強く影響する要因として、成人子が長男であること（規範要因）や、親が無配偶であること（親側のニーズ）がある。これらは同居を促進するが、近居にはあまり影響しない。逆に、近居に強く影響する要因として、幼い子どもがいること（成人子側のニーズ）は、遠居より近居を促進するが、同居を促進することはない。つまり、同じ援助でも、親への援助ニーズは同居を促進するのに対し、育児援助ニーズは近居を促進する。この違いの理由として、親の世話では成人子が主たる世話担当者なので同居の方が都合がよいが、育児援助では親は主たる世話担当者ではないので（主たる世話担当者は成人子自身）、親とは近居して手伝ってもらう方が都合がよいのかもしれない（章末の注も参照）。

ただしこの研究で用いられたデータは、「世帯主」を対象にして、その親との居住関係を調査している。現代日本では世帯主のほとんどは男性であるため、分析対象となったのはそのほとんどが夫方親との居住関係である可能性が高い。したがって妻方親との同居・近居が、夫方親とのそれとどう異なるかについては、必ずしも明らかではない。

そこで本研究では、同居だけでなく近居の規定要因にも注目し、これらが夫方親と妻方親でどう異なるかを分析する。

第3節　分析で明らかにしたいこと

本章における問いと仮説を、次のように設定した。

⑴夫方親と妻方親で、同居の規定要因はどう異なるか？　一つめの問いは、同居に注目する。先にみたようにこれまでの研究では、規範要因も、ニーズ・資源要因も、規範的な夫方同居は強く促進するの

に対し、非規範的な妻方同居は逆に抑制したり（特に規範要因の場合）、あまり影響しない（特にニーズ・資源要因の場合）と報告されている。たしかに、夫方同居という文化的規範の影響は、現在でも根強く残っているかもしれない。しかしその一方で、男女平等意識の高まりや、少子化によって女きょうだいだけという人が増えていることもあり、育児・介護や経済的不安定など実際的ニーズがある場合は、夫方同居にこだわらず、妻方同居を選択する人も増えているかもしれない。

そこで本研究では、先行研究の結果を一部修正して、次のような仮説を立てることにする。規範要因（たとえば非都市部に住んでいることや、夫が長男であることなど）については、先行研究と同様で、夫方同居は促進するが、妻方同居は逆に抑制するだろう。一方、ニーズ・資源要因（たとえば親が高齢・単身であること、子世代が育児中であったり低収入であること）については、先行研究と異なり、夫方同居だけでなく妻方同居も促進するだろう。

(2)近居を選択する要因は、同居と同じか、それとも異なるか？　二つめの問いは、同居と近居の違いに注目する。この問いを言い換えると、同居と近居は、質的に連続しておりいわば「程度の差」なのか、それとも質的にまったく別のものなのか。

これについては次のように予想した。まず「夫方」については、夫方同居が規範なので、この規範に影響されて、近居は同居の延長、いわば「程度の差」と人々はとらえているのではないか。したがって同居と近居で規定要因は大きくは違わないだろう。

一方、「妻方」については、妻方同居は規範ではないので、実際的ニーズにしたがって選択されると考えられる。その場合、同居で対応した方がよいニーズと、近居で対応した方がよいニーズがあるので、同居と近居では規定要因が異なるのではないか。たとえば先に述べたように、親の世話は同居の方が対応しやすいので妻方の同居が促進されるが、育児援助は近居でも対応できるので妻方の近居が促進される、といった違いがあるのではないか。

(3)妻の就業(収入の高まり)は、親との同居・近居にどのような影響を及ぼすか? 最後に三つめの問いは、近年、子世代において、夫の雇用不安定化や妻の労働参加が進んでいるが、こうした子夫婦の性別分業の変化は、親・義親との居住関係にどのような影響を及ぼすか。

これについては次のような仮説を立てた。妻の就業、特にその収入の増加は、妻方親との同居・近居を促進するだろう。その理由は、妻の収入の増加によって、夫婦間で「妻の交渉力」が高まるので、夫方同居規範に反しても、妻はより気軽に援助しあえる自分の親との同居・近居を選択すると予想するからである。

以上のように予想したが、実際はどうだろうか。データ分析の結果を見よう。

第4節 データと分析方法

1 データ・分析対象・分析法

本章で分析するのは、2009年1月～2月にかけて実施された「第3回全国家族調査(NFRJ08)」

から得られたデータである（詳しくは第1章を参照）。

分析対象は、成人子世代の既婚の男・女である（具体的には本人が28～60歳未満、配偶者も60歳未満）。これらの人のうち、夫方親との同居・近居については夫の父か母の少なくともどちらか一方が健在の人、また妻方親との同居・近居については妻の父か母の少なくともどちらか一方が健在の人について分析する。つまり成人子世代からみた親・義親（つまり自分と配偶者の親）との同居に焦点を当てる。

分析法としては、同居、近居（交通機関を使って30分未満に居住）、遠居（30分以上に居住）を被説明変数とする多項ロジスティック回帰分析を、夫方親と妻方親のそれぞれについて独立に行った。

2　変数と分析対象者の基本属性

分析で用いた変数は**表3－1**に示した。変数の値の分布は**表3－2**に示したので、これをもとに分析対象者の属性を見ておこう。なお、夫方親の分析と妻方親の分析で分布が異なるのは、親との居住関係、回答者（成人子）の性別、親の年齢・配偶関係の4変数であり、これ以外は分布がほぼ同じである。

（1）被説明変数

・親との居住関係：夫方と妻方で分布が異なる。同居は夫方親でより多く、遠居は妻方親でより多い。近居は、夫方・妻方でほぼ同じである。

表 3-1　分析に用いた変数

(1) **被説明変数**

・夫方親との居住関係：夫の父あるいは母のうち、少なくともどちらか一方との、同居、近居、遠居［基準］。

・妻方親との居住関係：妻の父あるいは母のうち、少なくともどちらか一方との、同居、近居、遠居［基準］。

(2) **説明変数**

①**基本属性**

・回答者（成人子）の性別：男性（1）、女性（0）

・夫の年齢：28 ～ 39 歳、40 歳代［基準］、50 歳代。

②**規範要因**

a）地域レベル

・居住地（成人子）の人口：非人口集中地区（1）、人口集中地区（0）。

・居住地（成人子）の親族的伝統：核家族地域［基準］、拡大家族地域、その他の地域。

なお各地域の分類は以下のとおり（西岡 2000）。

・核家族地域（伝統的に核家族世帯が多い地域）：北海道、南関東［千葉・埼玉・東京・神奈川］、京阪神圏［京都・大阪・兵庫・奈良］、南九州［宮崎・鹿児島］、

・拡大家族地域（伝統的に拡大家族世帯が多い地域）：東北［青森・岩手・宮城・秋田・山形・福島］、北陸［新潟・富山・石川・福井］、北関東［茨城・栃木・群馬］、

・その他の地域。

b）家族レベル

・夫が「跡継ぎ」か：跡継ぎ（長男・姉のいる長男・一人っ子）(1)、それ以外 (0)。

・妻が「跡継ぎ」か：跡継ぎ（兄弟のいない長女・一人っ子）(1)、それ以外 (0)。

・夫の就業形態：自営業（1）、それ以外（0）。

c）個人レベル

・夫の学歴：高等教育修了（1）、中学・高校修了（0）。

・妻の学歴：夫と同じ。

③**親のニーズ**

・親の年齢（両親とも健在の場合は、年長の親の年齢）
：65 歳未満［基準］、65 ～ 74 歳、75 歳以上。

・親の配偶関係：配偶者が死亡（1）、夫婦とも健在（0）。

④**成人子のニーズ・資源**

・成人子の子ども：末子が 12 歳以下、13 歳以上、子どもなし［基準］。

・成人子の住居：持ち家一戸建て（1）、それ以外（0）。

・夫の年収：300 万円未満、300 ～ 499 万円［基準］、500 ～ 799 万円、800 万円以上。

⑤**成人子の性別分業**

・妻の年収：なし［基準］、100 万円未満、100 ～ 199 万円、200 万円以上。

(注)［基準］はダミー変数における基準カテゴリーを示す。「回答者」「夫」「妻」は成人子世代を指す。

(2) 説明変数

①基本属性

・**回答者（成人子）の性別**：夫方と妻方で分布が異なる。夫方親についての分析では男女半々であるが、妻方親についての分析では女性が6割とやや多い。この理由として、妻方親に関する質問（たとえば妻方親の年齢など）に対して、男性回答者で無回答が多い傾向があることから、配偶者の親についての知識は女性より男性の方が乏しく、男性は回答できない人が多いといった理由が考えられる。このことは、夫方・妻方の両方の親とのつきあいを担当しているのは妻という「女性の親族関係維持役割」（第2章を参照）を示しているのかもしれない。

・**夫の年齢**：20～30歳代、40歳代、50歳代とほぼ均等に分布しているが、40歳代がやや多く、20～30歳代がやや少ない。

②規範要因

・**居住地の人口**：回答者の65％が、伝統的規範が弱まっていると考えられる都市部（人口集中地区）に住んでいる。

・**居住地の親族的伝統**：核家族地域（核家族が伝統的に多い地域）に住んでいる回答者が4割なのに対し、拡大家族地域（拡大家族が伝統的に多い地域）に住んでいるのは約2割だけである。残りの約4割はその他の地域に住んでいる。

・**跡継ぎか否か**：夫の65％は跡継ぎの位置（長男、1人っ子）にあるので、跡継ぎが多数派である。妻については跡継ぎの位置（女ばかりのきょうだいの長女、1人っ子）にあるのは2割に過ぎない。

・**夫の就業形態**：自営業では親との同居規範は強いと考えられるが、自営業は1割だけである。
・**学歴**：高学歴の人の方が近代的な意識を持ち、夫方同居規範から解放されていると考えられる。高等教育修了（短大以上）の人は、夫では5割弱を占めるのに対し、妻はやや少なく4割である。

③**親のニーズ**
・**親の年齢・配偶関係**：夫方と妻方で分布が異なる。夫方親の方がより高齢であり、夫方親の方が無配偶がやや多い。この理由は、回答者夫婦では妻より夫の方が年長である場合が多いために、それぞれの親についても夫の親の方が年長だからだと考えられる。

④**成人子のニーズ・資源**
・**成人子の子ども**：子どもが12歳以下（子育て中）の成人子は約5割、13歳以上の場合は約4割で、残りの1割は子どもがいない。
・**住居**：成人子の約73％が持ち家である。
・**夫の年収**：300万円未満の人が1割強、800万円以上の人が2割で、残りの7割はこの間である。

⑤**成人子の性別分業**
・**妻の年収**：なしと200万円以上という両端の人がそれぞれ4分の1で、残りの5割のうち、（調査時点で配偶者特別控除という優遇策が適用される金額以内である）100万円未満で働いている人が3割、それ以上が2割である。

表 3-2　分析に用いた変数の値の分布
（夫方親・妻方親それぞれについての分析ごと）

		夫方親の分析	妻方親の分析
被説明変数			
親との居住関係	同居	25.9	8.6
	近居（30 分内）	34.3	38.9
	遠居	39.8	52.5
	計（注）	100%	100%
	（ケース数）	（1489）	（1595）
説明変数			
○基本属性			
性別（回答者＝成人子）	男性	52.0%	42.2%
	女性	48.0	57.8
夫の年齢	20 ～ 39 歳	29.0	29.8
	40 ～ 49 歳	38.0	36.2
	50 ～ 59 歳	33.0	34.0
○規範要因			
居住地（成人子）の人口	人口集中地区	64.6	65.0
	非人口集中地区	35.4	35.0
居住地（成人子）の伝統	核家族地域	41.6	41.4
	拡大家族地域	19.4	19.5
	その他の地域	39.0	39.1
夫が「跡継ぎ」か	跡継ぎ	65.5	62.2
	跡継ぎでない	34.5	37.8
妻が「跡継ぎ」か	跡継ぎ	20.8	21.0
	跡継ぎでない	79.2	79.0
夫の就業形態	自営業	12.2	11.5
	その他	87.8	88.5
夫の学歴	中学・高校	53.1	54.0
	高等教育	46.9	46.0
妻の学歴	中学・高校	60.2	59.6
	高等教育	39.8	40.4
○ニーズ・資源要因			
親の年齢（健在または年長の親）	64 歳以下	16.9	20.8
	65 ～ 74 歳	33.6	38.4
	75 歳以上	49.5	40.9
親の配偶関係	夫婦とも健在	61.0	65.0
	配偶者が死亡	39.0	35.0
成人子の末子の年齢	12 歳以下	49.9	49.5
	13 歳以上	41.2	41.2
	子どもなし	8.9	9.3
住居（成人子）	持家一戸建	73.1	73.2
	その他	26.9	26.8
夫の年収	300 万円未満	13.2	14.2
	500 万円未満	29.1	29.8
	800 万円未満	37.1	35.0
	800 万円以上	20.6	21.0
○成人子の性別分業			
妻の年収	なし	26.7	25.5
	100 万円未満	29.7	30.9
	200 万円未満	17.7	17.2
	200 万円以上	25.9	26.5

（注）計の％とケース数は、他の変数においても同じなので省略する。

第5節　規範志向の夫方同居、ニーズ志向の妻方同居

1　規範要因とニーズ・資源要因の効果

分析結果は巻末の**資料3**に示し、その要約（重要な変数の係数と有意水準）を**表3－3**に示した。一つめの問い「夫方親と妻方親で、同居の規定要因はどう異なるか」について、結論を先に述べると、規範要因は、夫方と妻方で効果が逆であり、夫方同居は促進するが、妻方同居は逆に抑制する。一方、ニーズ・資源要因は、夫方・妻方ともに同居を促進する。つまり仮説がおおむね支持された。ただし例外として、ニーズ・資源要因の一つである子世代が子育て中であることは、仮説に反して、夫方・妻方ともに同居を促進しなかった（この意味については後に近居の分析で考察する）。

表3－3で具体的にみていこう。表のⒶ**「同居」**の欄に注目して、夫方と妻方を比較しよう。まず規範要因の効果を見ると、たとえば非人口集中地区（非都市部）に住んでいることや、夫が跡継ぎ・自営業であることは、夫方同居は促進するが、妻方同居は逆に抑制する（あるいは有意な効果がない、つまり促進することはない）。妻が跡継ぎである（つまり妻に男きょうだいがいない）場合には、妻方同居が促進されるが、これは、息子がいない場合にはその代替として娘と同居するというのが文化的規範なので、文化的規範と矛盾せず、仮説に反しない。また、夫や妻が高学歴であること（より近代的な意識を持っている可能性が高い）は、規範的な夫方同居は抑制するが、妻方同居を抑制することはない。さらに、拡大家族の伝統がある地域に住んでいることは、夫方・妻方どちらの同居も促進するが、有

表 3-3　夫方親・妻方親それぞれとの同居・近居の規定要因（基準＝遠居）（要約）

要因	(A) 同居		(B) 夫方		(C) 妻方	
	夫方	妻方	同居（再掲）	近居	同居（再掲）	近居
○規範						
・地域レベル						
非人口集中地区	＋＋		＋＋	＋		
拡大家族地域	＋＋	＋	＋＋	＋＋	＋	＋
・家族レベル						
夫が跡継ぎ	＋＋	−−	＋＋	＋＋	−−	
夫が自営業	＋＋	−	＋＋	＋	−	
妻が跡継ぎ		＋＋			＋＋	
・個人レベル						
夫が高学歴	(−)		(−)	(−)		−
妻が高学歴	−		−			−
○親のニーズ						
親が高齢	＋＋		＋＋	＋		(−)
親が無配偶		＋＋			＋＋	
○成人子のニーズ・資源						
12 歳以下の子どもあり						＋＋
夫が低収入	＋＋	＋	＋＋	＋＋	＋	
持ち家一戸建て	＋＋	＋＋	＋＋	＋＋	＋＋	＋＋
○成人子の性別分業						
妻が高収入		＋			＋	＋

＋：正の効果、−：負の効果、空白：有意な効果なし。
＋＋または−−：< .01，＋または−：< .05，（＋）または（−）：< .1。

意水準からみて、その効果は夫方同居の方がよりはっきりしている。

次にニーズ・資源要因の影響について具体的にみると、親のニーズ（高齢や無配偶であること）は、それぞれ夫方同居または妻方同居を促進する。また成人子のニーズ・資源である夫が低収入であることや、一戸建ての持ち家に住んでいることは、夫方・妻方どちらとの同居も促進する。ただし先に述べたように、成人子が子育て中であることだけは仮説に反して、どちらとの同居も促進しなかった。

以上をまとめると、規範要因は、夫方と妻方で効果が逆で、夫方同居は促進するが、妻方同居は抑制する。一方、ニーズ・資源要因は、夫方・妻方ともに効果は同じで、同居を促進する。つまり仮説はおおむね支持された。

ただし例外として、育児援助ニーズが同居を促進することはなかった。ではこれが、近居を促進することはあるのだろうか。次の同居と近居の比較で見ていこう。

2　同居と近居の規定要因

二つめの問い「近居の規定要因は、同居と同じか、それとも違うか」について**表3－3**で結果を見よう。

まず、表のⒷ**夫方**親の欄を見ると、同居と近居で規定要因はほぼ同じである。次に、Ⓒ**妻方**親の欄を見ると、同居と近居で規定要因が食い違っているものが多い。つまり「夫方同居は規範的同居なので、同居と近居は『程度の差』であり両者の規定要因は大きくは違わないだろう。一方、妻方同居は規範的同居ではないので、実際的ニーズにしたがって、同居か近居のどちらか都合のよい方が選択されるので、同居と近居で規定要因が異なるだろう」という仮説は支持された。

具体的に見ていこう。まずⒷ**夫方**親との場合は、同居と近居で規定要因は同じなので、前の第5節1と同じであり、繰り返さない。

一方、Ⓒ**妻方**親との場合は、同居と近居で、以下のように規定要因が異なる。

まず規範要因については、たとえば夫が跡継ぎや自営業であることは、妻方の同居はたしかに抑制するが、近居にはまったく影響を与えない（夫方の場合は同居も近居も同じように促進するのと対照的である）。なぜ妻方では、同居と近居で効果が異なるのか。この理由として、夫が跡継ぎや自営業であると、規範が夫方同居を命じるので、あからさまに規範に反する妻方の同居は避ける。しかし近居であれば、規範にあまり抵触しないので、妻方の近居を特に避ける必要はない。したがって夫が跡継ぎや自営業であることは、妻方の同居は抑制するが、近居を抑制することはないと考えられる。

また夫や妻が高学歴だと、妻方の遠居・同居に比べて、近居になりにくい。高学歴の場合は、遠居か（有利な進学・就業機会を求めた結果）、あるいは同居（娘が高学歴だとその親も豊かであることが多いので、妻方親から住宅などの援助が得られる）のどちらかを選択することが多く、どちらの利点もない近居は選択されにくいのかもしれない。

次にニーズ・資源要因について、その効果が妻方の同居と近居でどう違うかを見よう。まず親が無配偶であることは、妻方同居は促進するが、近居は促進しない。これは、配偶者を亡くした親への援助や世話は、近居ではなく同居によって対応する方が都合がよいことを示しているのかもしれない。

これとは逆に、成人子に12歳以下の子どもがいることは、近居を促進するが、同居を促進することはない。これは、育児援助ニーズには、同居ではなく近居で対応する方が都合がよいことを示しているのかもしれない。また成人子家族の経済状態は、稼ぎ主である夫の収入で見ることができる。これによると、成人子夫婦が低収入であることは、妻方同居を促進するが、近居には影響しない。収入の不足を補うには、近居（別々の住宅が必要）より同居（一つの住宅を共有）の方が都合がよいことを示しているのかもしれない。

以上のように、夫方同居は規範なので、同居と近居で規定要因がほぼ同じである。それに対して妻方同居は規範ではないので、実際的なニーズが何かによって同居か近居のどちらか都合のよい方が選択される。そのため妻方では、同居と近居で規定要因が異なり、たとえば同居は、親への援助や成人子自身の低収入を補うために選択されやすく、一方、近居は、育児援助のために選択されやすいといった違いがあることがわかった。

3　妻の高収入の効果

三つめの問い「妻の収入の高まりは、親との同居あるいは近居にどのような影響を及ぼすか」についての分析結果を見よう。

表3－3で妻の高収入が同居・近居に与える効果をみると、妻の高収入は、夫方同居・近居を促進することはないのに、妻方同居・近居は促進する。つまり妻の収入の高まりは、夫婦間における妻の交

渉力を高め、夫方同居という文化的規範に反しても、妻方親との同居・近居を促進するだろう、という仮説は支持された。

では、こうした妻方親との同居・近居は、親から援助「してもらう」ためなのだろうか（たとえば育児援助や住宅費の援助など成人子のニーズ）。それとも、親を援助「する」ためなのだろうか（親の世話など親のニーズ）。これについては、この章の分析でははっきりしないので、次章で検討したい。

4　成人子の性別と親・義親との居住関係

最後に、本章の問いでは取り上げなかったが、後の第5章で取り上げる世代間の援助と比較するために、成人子世代の男性と女性で、親との居住関係が異なるかについて確認しておこう。巻末の**資料3**に示したように、性別は居住関係に影響を与えなかった。つまり「男性では夫方親との同居や近居が多く、女性では妻方親とのそれらが多い」といったことはなかった。

たしかに意識面では、理想の住まい方として、男性は夫方親との近居、女性では妻方親との近居を理想とする人が多いという調査結果が報告されている（内閣府 2014）。

しかし実際の住まい方は、本章の分析によると、男性と女性で違うといったことはなく、子世代は「夫婦一体」で、親・義親との居住関係を選択している（これは後の第5章で分析する援助のあり方とは異なる。どう異なるかについては第5章で詳しく見たい）。

第6節　夫方同居慣行の変容と同居推進政策の意味

夫方同居の維持と変容

本章の分析結果を要約すると次のようになる。

(1) 同居について、夫方と妻方を比較すると、規範要因は、規範的な夫方同居を促進するが、非規範的な妻方同居は逆に抑制する。一方、ニーズ・資源要因は、夫方同居はもちろん、非規範的な妻方同居までも促進する。

(2) 同居と近居を比較すると、

(2a) 夫方については、夫方同居という規範の効果は、同居だけでなく近居にも及ぶ。そのために、同居と近居の規定要因は同じである。

(2b) 妻方については、妻方同居という規範はないので、同居と近居で規定要因が異なる。

まず規範要因は、妻方親との同居は確かに抑制するが（夫方同居規範に反するため）、近居を抑制することはない。

またニーズ・資源要因は、同居で対応した方が好都合の場合は同居を促進し、近居で対応した方が好都合の場合は近居を促進する。たとえば同じ妻方でも、同居は、親への援助や成人子自身の低収入を補うために選択されるが、近居は、育児援助が必要な場合に選択される。

(3) 妻の高収入は、妻方の同居・近居の両方を促進する。しかし夫方のそれらを促進することはない。

これらの結果から、次のように論じることができる。

第一に、要約(1)・(2)から、世代間の居住形態の選択においては、現在でも文化的規範（夫方同居）の影響が強いことが改めて確認された。

しかし第二に、こうした規範があるにもかかわらず、同居のあり方が変化している。具体的には次の三つの変化が、分析から観察できた。
① 強いニーズがあることによる変化――要約(1)・(2b)のように、ニーズがある場合は、規範に反するにもかかわらず、妻方同居が選択されている。
② 規範の影響が及びにくい部分での変化――要約(2b)のように、同じ妻方でも、（同居と違って）近居は規範が及びにくいので、たとえ規範要因があっても（たとえば夫が跡継ぎや自営業）、妻方近居はそれほど抑制されない。
③ 妻の交渉力の高まりによる変化――要約(3)のように、妻が高収入だと、夫方同居規範に反しても、妻方の同居・近居が増える。つまり子世代の性別分業の変化は、世代関係に影響を与えている。

同居推進政策の意味

2015年頃から、少子化対策として、三世代の「同居」を強調して推進する政策がめだつ。これに対して、子育て世代は同居でなく「近居」を理想としているので、同居のみを促進しても、少子化対策として有効でない、という反論がされている（第1章第3節を参照）。

本章の分析結果もこの反論を支持するものであり、育児援助が必要な人は親、特に妻方親との「近居」を選択する傾向がある。一方、（夫方・妻方にかかわらず）「同居」を選択するのはどのような人かというと、親への援助が必要な人（親が高齢・無配偶など）や、成人子自身が低収入で家賃などを補う必要がある場合である。

この結果から、近年の、三世代の「同居」のみを支援する政策が、人々の世代関係に何をもたらすのかについて、広く議論される必要があるだろう。たとえば三世代の「同居」のみを支援する政策は、人々の育児援助ニーズに本当に応えるもので、少子化対策として本当に有効なのか。それとも、少子化対策という看板を掲げてはいるが、実際には、高齢者の介護や現役世代の収入不安定を、公的支援でなく私的な同居によって解決することが期待されているのか。

最後に本章の分析では不明なこととして、要約(3)に関連して、妻が高収入だと妻方親との同居・近居が促進されるが、その理由は、親から援助「してもらう」ためなのか、それとも親を援助「する」ためなのか、あるいは両方なのか、ということがある。もし親から援助「してもらう」ためならば、資源をもつ親（たとえば年齢が若く体力がある親や、経済力のある親）と同居・近居しやすいだろう。逆に親を援助「する」ためならば、そうした資源の乏しい親と同居・近居しやすいだろう。このどちらなのか、それとも両方なのかについては、次章の分析で確かめたい。

注

中村（2016）によると、「居住地域の子育てしやすさ」（子育て世代の妻の回答による主観的評価）に対して、親との近居は、夫方・妻方ともにプラスの効果があったが、同居は、妻方のそれのみプラスの効果があった。

第4章 父との同居と母との同居

第1節　なぜ父との同居と母との同居を比較するのか

前章においては夫方同居と妻方同居を比較したが、これは夫と妻という子世代のジェンダーに注目した比較といえる。この章では父と母という親世代のジェンダーに注目して、父との同居と母との同居を比較する。

はじめに、父との同居と母との同居を比較する意義について論じたい（すでに第2章第4節で簡単に触れたが、ここではより詳しく論じる）。第二次世界大戦後の日本では、民主化・産業化にともなって、戦前の家制度（そしてその表れである夫方同居慣行）がどの程度変化したかということに関心が集まった。そのため、親との同居を研究する場合も、夫方と妻方の比較に焦点があてられた（第3章を参照）。さらに1970年代までは、農業・自営業が多く、また年金も未発達で老後の経済的自立が困難だったため、結婚当初から親と同居する「始めから同居」が通常のあり方だった。このような、親が若いうちからの同居においては、「父母そろって」の同居が多く、父との同居はすなわち母との同居であった。

そのため、父との同居と母との同居を比較するという問題関心は弱く、そのような研究は少なかった。しかし1980年代以降、農業・自営業が減少し、さらに年金の充実によって老後の経済的自立も可能になったため（第2章第3節を参照）、結婚当初は別居して、後から同居する「途中同居」が増えている（直井 1993）。「途中同居」は父母が年をとってからの同居であり、父母のどちらかが配偶者と死別した後の同居であることも多い。この場合は無配偶の父あるいは無配偶の母との同居となる。また親世代の離婚の増加によっても、無配偶の父あるいは無配偶の母との同居が増えている。つまり「途中同居」が多い社会では、「父か母のどちらか一方だけ」との同居が多くなる。

こうした、父か母のどちらか一方だけとの同居においては、父との同居と母との同居で、同居の理由や意味が異なる可能性がある。その理由は、日本のような父系規範や男性稼ぎ主型の政策・制度がある社会では、父と母で社会的に期待される役割が異なるからである。

たとえば、父系規範においては、父は家の系譜をつなぐ存在なので、父との同居は重視される。しかし母は「借り腹」などとよばれ、家の跡継ぎを産むことは期待されるが、母自身が家の系譜を継ぐ存在とはみなされない。したがって父系規範という観点からは、母との同居は、父との同居ほどには重視されない。

また、男性稼ぎ主型の社会では、父は、稼ぎ主であり自分名義の経済的資源を蓄積しやすいが、身の回りのことをするスキルは乏しいことが多い。逆に母は、家庭で無償のケア労働を担うことが多いので経済的資源は乏しいが、身の回りのことをするスキルは蓄積しやすい。したがって経済面に注目すると、父との同居は父から経済的に援助「してもらう」ための同居が多いのに対し、母との同居は母を経済的に援助「する」ための同居が多いかもしれない。一方、世話面では逆で、父との同居は父を世話面で援助「する」ための同居、母との同居は母から家事・育児などで援助「してもらう」ための同居が多いかもしれない。ただし家事・育児などで親から援助「してもらう」ためには、親が若く体力があることが必要である。しかし、配偶者と死別後の時期になると、母も高齢であることが多いので、世話面でも母を援助「する」ための同居になるかもしれない。

これらの違いを考慮に入れて、本章では、父との同居と母との同居で、同居の規定要因はどう異なるかを比較する。そのためには、父・母それぞれの配偶関係（有配偶つまり父母そろっているか、無配偶つまり父あるいは母だけか）も分析に入れる。さらにこの比較を通じて、前章の最後で示した問い、つまり妻が高収入だと妻方同居が多いのは、親を援助「する」ためか「してもらう」ためか、についても検討したい。

第2節　これまでの研究からみた父との同居と母との同居

1　欧米での研究

欧米では、父との同居と母との同居を比較する研究は以前から行われてきた。その理由として欧米では、結婚後、子夫婦は親と別居することが一般的なので、「始めから同居」は少なく、親と同居するのは、親が配偶者と死別した後の「途中同居」が多いからであろう。また欧米では、日本より早くから離婚が増えたため、親が無配偶であることが多いことも関係しているだろう。

欧米の研究で父との同居と母との同居を比べると、母との同居の方が多い。この理由として次のようなことがあげられる。第一は父系規範の弱さであり、現代の欧米では父との同居を重視する文化的規範は弱い。第二は自立規範の強さであり、欧米では、特に男性に「自立」が強く求められる。父は男性なので「自立」を体現する必要があり、子との同居は抑制される。一方、母は女性なので、父ほどには「自立」が期待されず、子との同居もしやすい。そして第三は母子関係であり、育児は母親が担うことが多いため、父と子より、母と子の方が情緒面や世話面での結びつきが強い。そうした強い母子関係（Bowlby 1969）が、子の成人後も維持され、母との同居の方が多くなると考えられる（Sweetser 1964：1968）（また Adams（1970）：三谷（1972）：Spitze and Logan（1990）によるレビューも参照）。

2　日本での研究

先に述べたように日本では、年金制度の発達を背景に１９８０年代頃から老後の経済的自立が可能になり、「途中同居」が増えた。こうした実態を背景に、Tsuya and Martin（1992）や西岡（2000）のように、父親と母親に分けて同居の規定要因を比較する研究が現れた。

彼・彼女らの研究によると、父との同居においては、規範要因の効果がより強い（たとえば非都市部に住んでいることや、成人子が長男や一人っ子といった跡継ぎの位置にあることなどは、父との同居を促進する）。この理由は先述のとおり、父系規範においては母との同居より、父との同居の方が重視されるからだと考えられる。こうした、規範に支えられた同居においては、親の権威が保たれやすいといえる。

一方、母との同居においては、親のニーズ要因の効果がより強い（たとえば母親が高齢であること、無配偶であることなどは、母との同居を促進する）。これも先述のとおり、母は経済的資源が乏しいので、母との同居は、母を援助「する」ための同居であることが多いからだと考えられる。こうした、親のニーズのための同居においては、親は子に援助してもらう立場であり、親の権威が保たれにくい同居といえるのではないか。

まとめると日本でも1980年代以降、父との同居と母との同居を比較する分析が現れた。それらの研究によると、父との同居は規範志向であるのに対し、母との同居は母のニーズ志向である。

第3節　分析で明らかにしたいこと

1　分析の視点

先述のように近年、父との同居と母との同居を比較する研究が現れた。しかしながら単純に、父との同居と母との同居を比較することには、次のような問題がある。「父」との同居の中には、「父母そろって」の同居と「父だけ」との同居の両方が含まれる。「母」との同居についても同様である。そして実態として、父母を比べると、父が先に亡くなり、母が後に残されることが多い（女性の方が結婚年齢が若く、長寿でもあるからである）。したがって「父」との同居は「父母そろって」の同居が多く、一方、「母」との同居は「母だけ」との同居が多くなる。そうだとすると、「父」との同居と「母」との同居の単純な比較は、その内実をより詳細に見るならば、「（主に）父母そろって」の同居と「（主に）母だけ」との同居の比較になっている可能性が高い。こうしたことを避けるために本章では、親の配偶関係（有配偶か無配偶か）を考慮に入れて、父との同居と母との同居を比較する。これが第一の視点である。

第二の視点は、親との同居が、親を援助「する」ためか、それとも親から援助「してもらう」ためかを明らかにすることである。

前章（第3章）の分析では、妻が高収入だと、夫方同居という規範に反して、妻方同居が増えることがわかった。この解釈として、二つの可能性が考えられる。一つめは、高収入の妻が、自分の親を援助「する」ために同居するという解釈である。もう一つは、高収入の妻は仕事を持っており家事援助などが必要なので、自分の親から、援助「してもらう」ために同居するという解釈である。一般的に、子が親を援助「する」場合には、親は助けられる側なので権威を保ちにくく、「お世話になっている」といった気持ちで同居することになりやすい。逆に、子が親から援助「してもらう」場合には、親は助ける側なので権威を保ちやすく、堂々と同居することになりやすい。つまり同じ同居でも、その性格は異なる。前章の分析では、このどちらがデータにあてはまるのか明らかにできなかった。本章ではこれについても明らかにしたい。

以下では、父との同居と母との同居の規定要因がどう異なるかを、親の配偶関係も考慮に入れて分析する。

2　問い

一つめの問いは、「父との同居と母との同居で、規定要因はどう異なるか」である。これまでの研究では、父との同居は規範志向（規範にしたがって同居する）で、母との同居は母のニーズ志向（母のニーズに対応するために同居する）という傾向が報告されている。本研究でも同じような傾向は見られるだろうか。

二つめの問いは、親の配偶関係に注目し「父母そろっての同居と、父だけ、あるいは母だけとの同居では、同居の規定要因はどう異なるか」である。たとえば父系（父と子のつながり）が重視される日本社会において、規範要因は、母が有配偶（父も一緒）の場合は母との同居を促進するが、母が無配偶（父はいない）の場合は、母との同居は促進しない、といったことがあるだろうか。

三つめの問いは、妻が高収入だと、妻方親との同居が増えることが前章の分析でわかったが、これは「妻が自分の親を援助するための同居だろうか、それとも自分の親から援助してもらうための同居だろうか」である。

第４節　データと分析方法

データ

本章で分析するのは前章（第３章）と同じであり、「第３回全国家族調査（NFRJ08）」（２００９年）から得られた、成人子世代の既婚の男・女（具体的には本人が28～60歳未満、配偶者も60歳未満）のデータである。

その中で、夫方の父についての分析では夫の父が健在の人、夫方の母についての分析では夫の母が健在の人を分析対象とした。妻方の父・母それぞれについても同様である。つまり成人子からみた親・義親との同居に焦点を当てる。

変数と分析法

被説明変数は、夫方の父・母、妻方の父・母という４人の親それぞれとの居住関係であり、それぞれについて独立にロジスティック回帰分析を行う。変数の値は、同居(1)か別居(0)かである。説明変数は前章（第３章）と同じである（**表３－１**を参照）。

変数の値の分布

分析で用いる変数について、その値の分布を、四つの分析ごとに、**表４－１**に示した。まず夫方・妻方それぞれの中で、父との同居についての分析と、母との同居についての分析を比べると、ほとんどの

表 4-1　分析に用いた変数の値の分布
（夫方の父・母、妻方の父・母それぞれについての分析ごと）

		夫方		妻方	
		父	母	父	母
被説明変数					
親との居住関係	同居	22.8	24.9	6.8	8.3
	別居・別棟	77.2	75.1	93.2	91.7
	計(注)	100%	100%	100%	100%
	(ケース数)	(1044)	(1395)	(1168)	(1491)
説明変数					
○基本属性					
性別(回答者)	男性	53.3	51.5	42.4	42.4
	女性	46.7	48.5	57.6	57.6
夫の年齢	20 ～ 39 歳	37.3	30.3	37.2	31.3
	40 ～ 49 歳	39.7	37.8	36.9	36.7
	50 ～ 59 歳	23.1	31.9	25.9	32.1
○規範要因					
居住地の人口(成人子)	人口集中地区	64.8	64.8	65.4	65.5
	非人口集中地区	35.2	35.2	34.6	34.5
居住地の伝統(成人子)	核家族地域	40.2	41.7	41.9	41.0
	拡大家族地域	19.7	18.8	19.0	19.5
	その他の地域	40.0	39.5	39.1	39.5
夫が「跡継ぎ」か	跡継ぎ	67.7	65.9	64.7	63.1
	跡継ぎでない	32.3	34.1	35.3	36.9
妻が「跡継ぎ」か	跡継ぎ	22.0	20.7	21.8	21.5
	跡継ぎでない	78.0	79.3	78.2	78.5
夫の就業形態	自営業	11.5	12.0	11.5	10.9
	その他	88.5	88.0	88.5	89.1
夫の学歴	中学・高校	51.6	51.8	52.8	54.1
	高等教育	48.4	48.2	47.2	45.9
妻の学歴	中学・高校	58.4	59.5	57.3	59.3
	高等教育	41.6	40.5	42.7	40.7
○ニーズ・資源要因					
親の年齢(健在または年長の親)	64 歳以下	21.6	24.9	25.9	31.6
	65 ～ 74 歳	37.9	35.3	40.8	38.0
	75 歳以上	40.4	39.8	33.3	30.4
親の配偶関係	夫婦とも健在	89.3	66.5	89.8	70.5
	配偶者が死亡	10.7	33.5	10.2	29.5
成人子の末子の年齢	12 歳以下	57.5	51.2	56.7	50.8
	13 歳以上	33.2	39.4	32.4	39.6
	子どもなし	9.3	9.4	10.9	9.6
住居(成人子)	持家一戸建	70.5	72.3	70.3	72.7
	その他	29.5	27.7	29.7	27.3
夫の年収	300 万円未満	13.0	13.2	13.3	14.0
	500 万円未満	29.2	30.0	31.7	30.2
	800 万円未満	38.4	36.6	35.2	36.2
	800 万円以上	19.3	20.1	19.9	19.6
○成人子の性別分業					
妻の年収	なし	28.9	26.9	27.5	24.7
	100 万円未満	28.5	29.0	30.6	31.5
	200 万円未満	16.3	17.6	15.6	17.4
	200 万円以上	26.2	26.6	26.4	26.5

(注) 計の%とケース数は、他の変数も同じなので省略する。

変数の分布は両者でほぼ同じである。[1] さらにその分布は、前章（第3章）で用いたデータとほぼ同じなので、ここではくり返さない[2]（第3章第4節を参照）。

第5節 「規範」志向の父との同居、「母のニーズ」志向の母との同居

1 父・母それぞれとの同居率

この節では分析結果を見ていこう。

まず**表4-1**に示したように、父と母で同居率に大きな違いはない。つまり、夫方では、父と同居している既婚子と、母と同居している既婚子はどちらも2割強でほぼ同じである。また妻方でも、父と同居している既婚子と、母と同居している既婚子はどちらも1割に満たず大きな違いはない。

また**図4-1**で親の配偶関係別の同居率を見ても、父と母でほぼ同じである。つまりⒶ**夫方**では、父・母それぞれとの同居率は、親が有配偶の場合はそれぞれ約2割、無配偶の場合はそれぞれ約3割で、父と母でほぼ同じである。Ⓑ**妻方**でも、父・母との同居率は、親が有配偶の場合はそれぞれ6％台、無配偶の場合はそれぞれ1割強で、父と母でほぼ同じである。

以上のように父と母で同居率自体には大きな違いはない。では同居の理由あるいは意味についてはどうか。父と母で違うのだろうか。

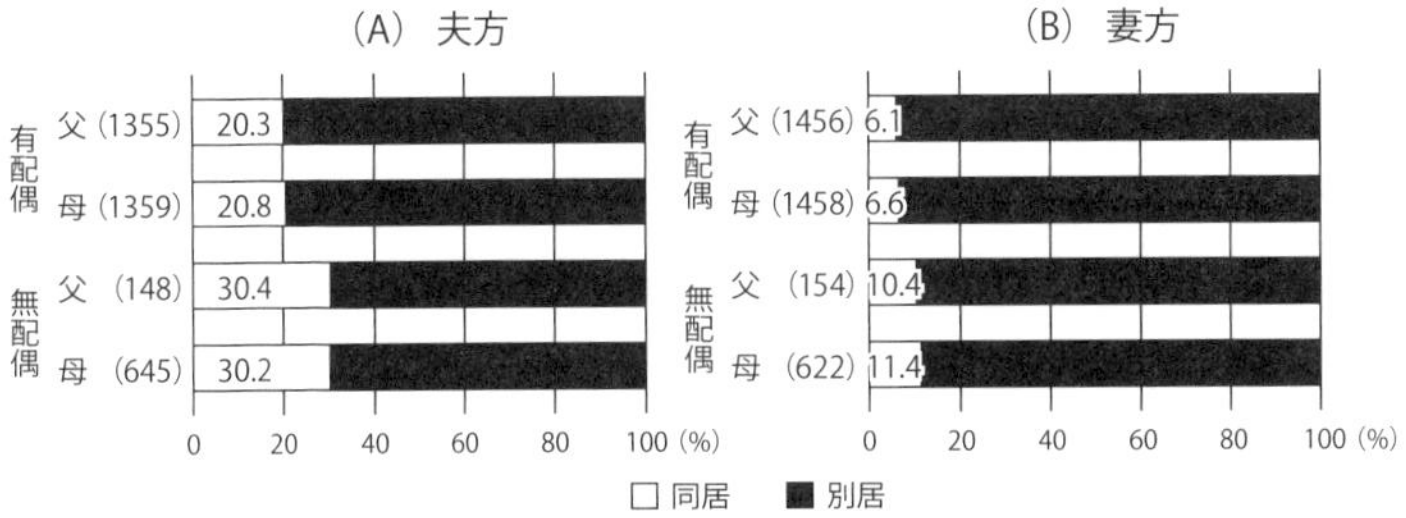

図 4-1 親との同居・別居の割合
(夫方・妻方別、親の配偶関係別、父・母別)

(注)( ) 内は同居・別居の合計のケース数。

2 父との同居と母との同居——主効果のみの分析

父との同居と母との同居それぞれの理由あるいは意味を明らかにするために、同居の規定要因について分析した。具体的には、夫方の父・母、妻方の父・母という4種類の親それぞれとの、同居/別居を被説明変数とするロジスティック回帰分析を行った(基準カテゴリーは別居)。

分析結果

最初の分析として、各変数の主効果のみを説明変数とする分析を行った。その結果は巻末の**資料4-1**に示した。本章では、父と母で効果が異なる要因に注目するので、そうした要因を抜粋して**表4-2**に要約した。

表4-2で、まず夫方について見よう。規範要因の効果を父と母で比較すると、拡大家族の伝統がある地域に住んでいることや、夫が自営業であることは、父との同居は促進するが、母との同居は促進しない。一方、ニーズ・資源要因の効果は逆であり、夫が中程度の収入があること(つまり親を同居扶養できる程度の経済

表 4‒2　親との同居の規定要因のうち、父と母で効果が異なる要因（夫方・妻方別）（主効果のみの分析結果の要約）

要因		夫方		妻方	
		父との同居	母との同居	父との同居	母との同居
○規範					
拡大家族地域		＋＋		＋	
夫が自営業		＋		−	−−
○ニーズ・資源					
親が無配偶				＋	＋＋
夫が中程度の収入	（300～500万円未満）		＋		
	（500～800万円未満）		＋＋		
○子世代の性別分業					
妻が高収入				＋	

（注）＋：正の効果、−：負の効果、空欄：有意な効果なし。
＋＋または−−：< .01，＋または−：< .05。

的余裕があること）は、母との同居は促進するが、父との同居は促進しない。つまり父との同居は規範志向、母との同居は母のニーズ志向といえる。

次に妻方についても、夫方ほどには鮮明でないが、同様の傾向がある。まず規範要因の効果を父母で比較すると、拡大家族の伝統がある地域に住んでいることは、父との同居は促進するが、母との同居は促進しない。また夫が自営業であることは、父との同居に比べて、母との同居をより強く抑制する。一方、親側のニーズ要因の効果は逆であり、親が無配偶であることは、父との同居より、母との同居をより強く促進する。以上から、妻方についても、父との同居は規範志向、母との同居は母のニーズ志向といえる。

ただし**表4－2**で夫方と妻方を比較すると、同居要因についての父と母のコントラスト（父との同居は規範志向、母との同居は母のニーズ志向）は、妻方より、夫方の方がより鮮明である。その理由は、父系規範が「夫方の父」との同居を命じるために、夫方の方が、父との同居と母との同居の意味の違いがより鮮明なのかもしれない。

最後に子世代の性別分業として、妻の収入の効果が、父との同居と母との同居で異なるかどうかに注目すると、妻方でのみ、効果の違いがみられた。つまり妻の高収入（年収200万円以上という正規雇用でなければ得にくいような収入）は、妻の父との同居は促進するが、妻の母との同居を促進することはない。

これ以外の要因については、父と母の間で、効果がほぼ同じであり（巻末の**資料4－1**を参照）、その効果は前章（第3章）の分析結果とほぼ同じだった。

父との同居と母との同居の意味の違い

ここまでの分析からわかったのは以下のことである。

第一に、父との同居は、夫方・妻方ともに、規範志向であり、拡大家族の伝統がある地域に居住していることや自営業であることが、同居を促進する。こうした同居は、「親の権威が保たれやすい」同居といえる。たとえば、伝統的に拡大家族が多い地域では、「孝」規範（同居し親に尽くすのが子の義務）が強いと考えられる。こうした「孝」規範に導かれた同居では、親の権威は保たれやすい。また自営業においては、親が家業のスキルを子に教えたり、家業の設備・道具・顧客などを子に譲り渡すので、ここにおいても親の権威は保たれやすい。

第二に、母との同居は、夫方・妻方ともに、母のニーズ志向であり、母が無配偶であることや子世代にある程度の経済的ゆとりがあることが、同居を促進する。これらは「子が親を援助」するための同居である可能性が高く、こうした同居においては、援助される側の親にとっては「親の権威が保たれにくい」のではないか。

第三に、子世代の妻の高収入は、(夫方においては効果がなかったが)、妻方においては父と母で効果が異なり、妻の父との同居は促進するが、妻の母との同居は促進しない。これは意外な結果であった。著者は、高収入の娘は、母を援助できるので、母との同居を促進すると予想していたが、結果はそうではなかった。研究会等でも「娘にとって、父より、母との同居の方が気楽だし、母には家事なども手伝ってもらえるからいいと、よく聞く。ましてや高収入で経済的援助を必要としない娘は、気楽な母と同居しやすいと思うのだけれど、結果はそうではないのですね」というコメントをいただいた。娘の高収入が、父との同居は促進するのに、母との同居を促進しないのは、なぜなのか。これについては次の分析と最後の考察で検討しよう。

3 父母そろっての同居と単身の親との同居——交互作用効果についての分析

ここまでの分析で、同じ親でも、父と母で同居の規定要因が異なることがわかった。つまり、父との同居は規範志向(親の権威が保たれやすい)であるのに対して、母との同居は母のニーズ志向(親の権威が保たれにくい)である(以上は夫方・妻方の両方にあてはまる)。また妻の高収入は、妻の父との同居は促進するが、妻の母との同居は促進しない。

ただし上記の分析では、父あるいは母の配偶関係を考慮していない。つまり、父との同居には、父母そろっての同居と、単身の父のみとの同居の両方が含まれるが、両者を区別していない。母についても同じである。

それでは、配偶関係を考慮に入れると、上記の分析で明らかになった同居の規定要因は、父母そろっての同居と、単身の父あるいは母のみとの同居で、違うのだろうか。たとえば規範要因は、母との同居には影響を及ぼさなかったが、もし母が有配偶（父も一緒）の場合と、無配偶（母だけ）の場合に分けると、影響が異なるといったことはあるのだろうか。たとえば、母が有配偶（父も一緒）の場合に限り、規範要因は母との同居を促進するが、無配偶（母だけ）の場合は同居を促進しない、といったことはあるのだろうか。

この点を確かめるため、「当該の親の配偶関係」と、父母で効果が異なった四つの要因、つまり「拡大家族の伝統がある地域に居住」「夫が自営業」「夫が中程度の収入」「妻が高収入」のそれぞれとの、交互作用について分析した。具体的には、**資料4－1**（主効果のみの分析）のモデルに、「当該の親の配偶関係」と「上記の要因それぞれ」との交互作用項を一つずつ投入して、それぞれのモデルを推定した。

分析結果

その結果、交互作用効果が有意だったのは、母との同居の二つのモデルだけだった。つまり母との同居においてだけ、母が有配偶の場合と、無配偶の場合で、同居の規定要因が違っていた。その結果を巻末の**資料4－2**に示した。（この資料には比較のために、父との同居について同様のモデルを推定した結果も示したが、父との同居については、交互作用は有意でなかった。つまり父の場合は、父母そろっている場合

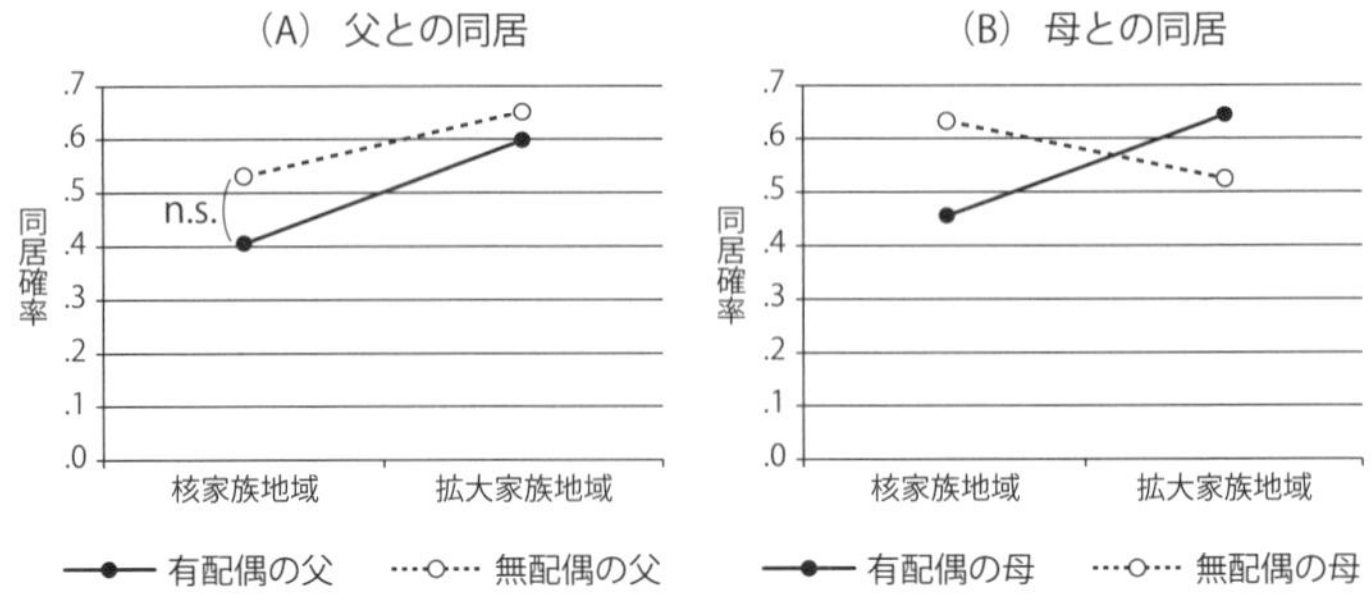

図 4-2　夫方において：「拡大家族の伝統がある地域に住んでいること」が、父・母との同居に与える効果（親の配偶関係別）

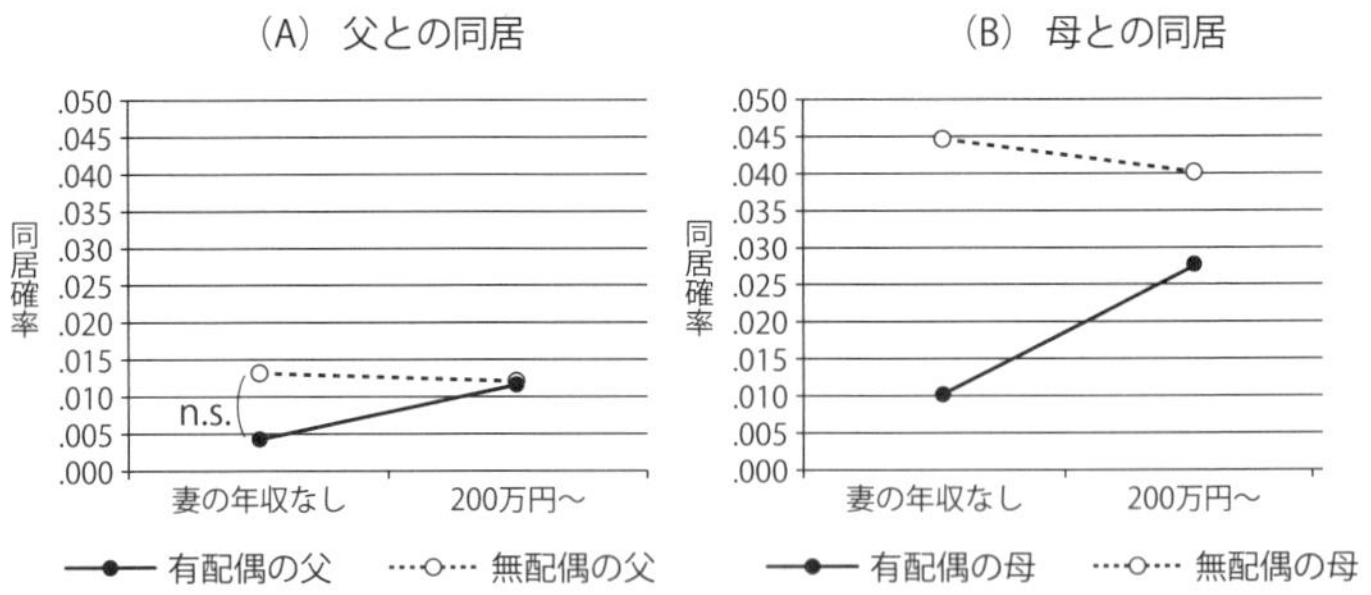

図 4-3　妻方において：「妻の収入」が、父・母との同居に与える効果（親の配偶関係別）

（注）図の縦軸は同居の予測値である。予測値は「男性、夫は 40 歳代、人口集中地区に居住、夫は跡継ぎで、妻は跡継ぎでない、夫は自営業でない、親は 75 歳以上、夫婦の末子は 12 歳以下、持ち家一戸建てに居住、夫は高等教育修了、妻は中学か高校卒業、夫の収入は 500 ～ 800 万円未満、そして図 4-2 では妻の年収なし、図 4-3 では核家族の伝統がある地域に居住」と仮定して計算した。

も父だけの場合も、同居の規定要因は同じだった。）

交互作用が有意だった二つのモデルをわかりやすく視覚的に示すために、**図4－2**と**図4－3**を作成した。以下ではこれらの図によって結果を見ていこう。

一つめとして、**図4－2**で、「拡大家族地域に居住」が夫方親との同居に与える影響について見よう。まずⒶのように、父との同居の場合は、父が有配偶でも無配偶でも、核家族地域に比べて、拡大家族地域に住んでいる方が父との同居の可能性が高い。つまり父との同居は規範志向である。

しかし同じ夫方でも、母との同居は、父とは異なる。Ⓑに示したように、（核家族地域に比べて）拡大家族地域に住んでいると、母との同居可能性は、母が有配偶（父も一緒）の場合は高まるが、無配偶（父がいない）の場合は高まらない。つまり父なしの「母だけ」との同居においては、拡大家族地域に居住という規範要因が働かない。つまり母との同居は規範志向ではない。ただし核家族地域（つまり同居規範が弱い）においては、母が無配偶であること自体は、有配偶の場合より、同居可能性を高めるので、核家族地域における「母だけ」との同居は、母のニーズ志向であるといえる。

二つめとして、**図4－3**で示した「妻の高収入」が妻方親との同居に与える影響についても、同様のことがいえる。まず、父との同居の場合は、Ⓐに示したように、「妻（父にとっての娘）が高収入」だと、父が有配偶でも無配偶でも、妻方父との同居の可能性が高くなる。

しかし同じ妻方でも、母との同居は異なる。Ⓑに示したように、「妻（母にとっての娘）が高収入」だと、母との同居可能性は、母が有配偶（父も一緒）の場合には高まるが、母が無配偶（父がいない）の場合には高まらない。つまり妻が高収入でも、「母だけ」との同居は促進されない。ただし母が無配偶であること自体は、有配偶の場合より、同居可能性を高めるので、父なしの「母だけとの同居」は母のニーズ志向であるといえる。

「父を含む」同居と「母だけ」との同居

分析結果をまとめると、同居は二つに分けられた。一つめは（父母そろっていようと、父だけであろうと）「父を含む」同居である。二つめは（父を含まない）「母だけ」との同居である。そしてこの二つ、つまり「父を含む」同居と「母だけ」の同居で、規定要因が異なった。

前者の「父を含む」同居は、「拡大家族の伝統がある地域に居住」や、「妻が高収入」によって促進される。しかし後者の「母だけ」との同居は、これらの要因によっては促進されない。「母だけ」との同居は、母が無配偶であること自体によって促進されるだけである。

このような「父を含む」同居と「母だけ」との同居の違いの意味について、次節で考察しよう。

第6節　親が権威を保ちやすい同居と保ちにくい同居
――インタビュー調査より

1　同居のあり方と親の権威

これまでの同居の研究では、「夫方」と「妻方」を比較するものが多く、規定要因が両者で異なることが報告されてきた（第3章を参照）。

それに対して本章では（同じ夫方・妻方の中で）、「父との同居」と「母との同居」を比較した。その際には、それぞれの配偶関係を考慮に入れた。その結果、（夫方・妻方ともに）「父を含む」同居と「母だけ」との同居で規定要因が異なることがわかった。

まず、「父を含む」同居を促進する要因は、夫方においては「拡大家族の伝統がある地域に居住」していることであった。こうした夫方同居規範に支えられた同居においては、親は権威を保ちやすい。

また妻方においては、「妻が高収入」であることによって「父を含む」同居が促進された。ではこれは、親を援助「する」ためだろうか、それとも親から援助「してもらう」ためだろうか。「父を含む」同居においては、父は経済力がある場合が多いので、父から経済面で援助してもらいやすい。また「父を含む」同居には、「父母そろった」同居も含まれるが、父・母そろって同居できるようなライフステージにおいては、父・母は若く体力もあるので、家事・育児の援助もしてもらえる。つまり「父を含む」同居は親から援助してもらいやすいといえる。そうであるならば、高収入の妻、つまり正規雇用などの仕事を持った妻にとって、妻方の「父を含む」同居は、自分自身の親から援助してもらいやすい同居だといえる（家事・育児だけでなく住宅購入費などの援助も含む）。このような「親から援助してもらう」ための同居においては、親は権威を保ちやすいと考えられる。

もちろん、親がさらに高齢になると、今度は逆に、妻が「親を援助する」ことになるだろうが、[3] そうした互酬性（相互援助）を想定した同居であり、少なくとも、親を一方的に援助するだけの同居ではないと考えられる。

以上から、(夫方・妻方ともに)「父を含む」同居(父母そろっての同居や父だけとの同居)は「親が権威を保ちやすい」同居といえるのではないか。一方、「母だけ」との同居は、母が無配偶であること自体によって促進された。こうした同居について、母自身はどう感じているのだろうか。「親の権威」という視点からインタビュー調査の回答を見よう。

2 娘との同居に抵抗感がある母

先に紹介した「父より、母との同居の方が気楽という人が多いのでは…」という研究会等でのコメントは、子世代(娘)の視点からのものである。

一方、親世代の父・母はそれぞれ、娘との同居をどう感じているのだろうか。著者らによるインタビュー調査は、同居だけでなく、同居・介護・相続などについて、将来の希望を質問した。子どもがいる60歳以上のインタビュー回答者(男・女それぞれ10人)の、自分自身の介護についての希望をタイプ分けすると、以下のようになる(Yamato 2013)。

①介護サービスを利用し、費用は自分たち夫婦の財産でまかなう　男性4人、女性6人
②介護サービスを利用し、そのサービスは公的に提供すべき　男性1人、女性3人
③子どもに介護してもらい、財産を子どもに譲る　男性4人、女性0人

④その他　　　　　　　　　　　男性1人、女性1人

①②の「(子どもではなく)介護サービスを利用したい」は、10人中、男性は①②の計5人と半数だけなのに、女性は計9人とほぼ全員がそう考えていた。一方、③の「子どもに介護してもらい、自分たちの財産は子どもに譲りたい」は、男性では4人いたが、女性はゼロだった。女性は子どもによる介護に否定的である。

インタビューの回答を見ると、女性はさまざまな理由で、同性である娘の世話になることに、言葉では説明しがたい抵抗を感じていた。

〔Aさん。女性、70歳代。夫と二人暮らし。息子(未婚)と娘(既婚)がいる。離れて暮らす娘とは、頻繁に交流を持っている。〕

「(娘と)スカイプして、1時間でも2時間でもね、身の回りのあったことを話ししたりしてね、しますけどね。…(娘と泊りがけで会うことも、年に)何回かあります。…で、会ったときはいろんな、○○行ったり、△△へ行ったり、いろんなとこへ行きますから、私はくたくたになるんですけどね。…(お小遣いや贈り物は)息子からは一切もらいません。娘はね、お中元とかね、主人のものを買ってくれたりね。着るものとかですね、よくしてますね。それからこないだも来て、「お母さん、こんなおしょうゆ差し、ものすごく便利よ」とか言って、買ってくれたりはしますけどね。…(インタビュアー：今後お子さんとの同居は考えたことありますか。)ありません。したくないです、娘

とも。

（自分の介護を頼る人について）私がもし病気になったら、配偶者です。…（子どもたちについては）息子はもう働いてるからだめですよ。時間的に無理。…娘の方は、時々は（母の様子を見に）来ますでしょうね。そやし、「私、介護する」言うかもしれません。…（しかし、優先順位の第2位は）まずホームヘルパーさんに。…その次が、お金がいってても介護付きホームでお世話になることがあるかもしれませんわね。

（インタビュアー：同居とか、経済的な支援あるいは介護とかで、男の子だから、女の子だからとか、違いはあります？）それはないですけどね。…（私は）娘と女同士よりも、男の子との間の方がいいですよね。私は息子といたら気分いいんですよ。…分かるでしょ、なんとなしに。…いい娘でも、一緒にいるとね。…どうですか、お母さんと一緒におられて？（とインタビュアーに質問）。…言わなかった方がよかったかな（笑）。」

〔Bさん。女性、60歳代前半。夫と離別で一人暮らし。息子と娘（どちらも既婚）がそれぞれ一人ずついる。関東在住の共働きの息子夫婦のために、しばしば育児の手助けに行っている。〕

「（自分の介護は子どもに頼りたくない。その理由は）あの、やっぱり遠慮しいしい世話になりますよね、どうしても。…もう家の中で、隅っこでちっちゃくなってね、…だからね、息子たちが結婚するとき、あの、よそ様の話ですけどね、一緒に、あの、住みたいっていう人の気持ちが分からないです。…（自分が頼るのは）まずはやっぱりホームヘルパーやろうね。で、どうしてもやれなくなってきたら、介護付きホームという。

（インタビュアー：ちなみに、もしお子さんの手助けを受けることになった場合、息子さんと娘さんと、どっちの方がいいなと思われますか。）そうですね、やっぱり娘…、どうやろうね…、お嫁さん…。まあ、息子はね、私のオムツを替えたりは…、させとうないという気持ちもね、ありますね。そうやから娘ですかね。うん。でも（娘に）おしりひっぱたかれたり（笑）。何かよくドラマでね、本当ね、おしりひっぱたかれながら情けないやろうなと思うからね、だからやっぱり他人さんの方が私は、うん。…（娘と息子の妻では）うーん、どっちかというたら、お嫁さんの方が優しいからね（笑）。今はもう、ほら、あの、こう物理的にね、離れているからね、あの、無理やろうっていうあれでね。そうやけど、どっちかといえば、あの、お嫁さんに見てもらう方が私、気は楽…、どうやろうね、ちょっと変ですかね？（笑）…きつい親ですね、結構（笑）。」

また実際に、娘と同居したけれど、それを後悔している女性もいた。

「Cさん。女性、60歳代後半。夫との死別後、「（母親を）一人にしてるよりはと、（娘も）思ったんでしょうね」ということで、それまで夫と住んでいた家を売り、その代金を頭金にして、娘の夫との共同名義で二世帯住宅を建ててそこに住んでいる。「今でもね、食事とかそんなん全部、私担当してる。…（経済面ではCさんは働いてきたので）年金が結構ありますから（自分の年金と夫の遺族年金）、…今でも（娘家族を）助けてる方です。（孫が）私学行ってるからね、時々助けてる」というように、Cさんは働いている娘のために、家事・育児もしているし、経済的援助も時々している。しかし娘とのやり取りの中で、自分の権威が保てていないという感覚をもっている。」

「私ら…親に口答えしたことないですもん。うん。親は偉いもんやと思って育っているから。…そやけど今の子は、堂々と意見言うのが普通になってきているでしょう。でも私らそんなん言えなかったんです。…頭で分かってるんですよ、時代が違うって。だけどやっぱしこう、娘に、偉そうに言われると頭に来るんですよ、やっぱし。自分の時代は親にこんなこと言ったことないのにと思って。…時々注意するんですよ。親は年いくとね、立ち直りが遅いんよって言うんですよ。言われるとき。あなたはね、平気でそう言えるけど私にしたらショックでね、立ち直りがだんだん年いくと遅いんよって言うんですよ。…

ええ、だからね、自立して（娘との二世帯住宅を）出た方がいいかしら思ってみたり、いろいろ考えるんですよ、今になって。最初はいい夢ばっかし見て、あの、一緒に住んだんやけど、一緒に住んでみるとやっぱしね。…だから今揺れ動いているんですよ。あの、こう、老人専門のマンションね、入った方がいいって、自立した方がいいかな思ってみたり、いやそやけどな、やっぱし（最期のことを）考えて一緒に住んだ方がいいかなと思ったり。…今、自分が元気やからね、難しいんですよ。病気、弱ってきたらね、そんな、あの、出ようっていう考えもないかも分かりませんけど。…家族だったらやっぱり、自分がこう怒られるの刺激受けていいかな思ってみたりね。ほんで、自分気ままにしようと思ったら一人がいいかなと思ったり。」

それに対して男性は、娘に世話などを依存することにあまり抵抗を感じていない。

〔D氏。男性、60歳代後半。娘（未婚）と息子（既婚）がいる。妻と娘との三人暮らし。〕

「（自分の介護を誰に頼るかについてのリストを見ながら）やっぱりまずは、こっち（配偶者）だと思うんですね。…（配偶者に頼れない場合は）たぶん、もう、こっち（ホームヘルパーや介護施設）でしょう。（インタビュアー：なるべくお子様とかには、頼りたくないというようなお気持ちですか。）いや、ないということはないです。…だから、その負担の程度に、よってくるかと思うんですね。…やっぱり、あまりにも（子どもたちの）負担になるようであれば（ホームヘルパーや介護施設を利用する）、ということやないかと思うんですけどもね。

（インタビュアー：息子さんと娘さんではどうですか？）上の子（娘）がいるわけですよね。そうしたら、やっぱりたぶん、こっち（息子の妻）よりもこちら（娘）の方が、ウエートとしては、重くなる違うんかなと思うんですよね。やっぱり、こっち（娘）は頼みやすいですよね。こっち（息子の妻）は、ちょっと頼みにくいです、たぶん、私が思うに。…こっち（息子の妻）だと、何か、ものすごい、遠い感じがしますよね。」

あるいは次のように、娘に依存しても、その見返りとして財産を譲ることができると考えている人もいる。

〔E氏。男性、70歳代後半。二人の娘（既婚）がいる。妻と二人暮らし。自宅とは少し離れた場所に土地をもち、そこに二人の娘家族の家をそれぞれ、建てている。その家はそれぞれ、娘とE氏との共同名義である。〕

「（自分たち夫婦のどちらかが亡くなって）あのー、片方になった場合はね、どっちであってもね、一人ではやっぱりやっていけないと思います。うちの家内は、偉そうに言うとるけどね、…あのー、僕はもう百も承知で絶対だめです、一人は。…そやから、どちらか（の娘）に、世話になりたいと。…どっちの娘のところへ行っても、自分の土地やねんから、あのー、離れでもね、建ててもね、（娘と一緒に住みたい）…。別に気兼ねして、ホームへ入ろうとは思えへん、ということです。」

以上のように、母の中には、自分が単身になった時に娘と同居することに抵抗感を覚える人も多い（しかも母自身が十分な年金を持っており、娘家族を家事・育児や経済面で援助している場合でさえそうなのである）。娘にとって母との同居が「気楽」に感じられるとしたら、それは母にとっては逆に「権威を保ちにくい」ことを意味するのかもしれない。そして母がもつことの難しい「親の権威」とは、経済力とは別次元の、「親に対して口答えできない何か、言いたいことを言えない何か」、つまり文化的な「父権」なのかもしれない。

このように考えると、本章の分析結果、つまり娘の高収入が、「父を含む」同居は促進するのに、「母だけ」との同居は促進しないという結果は、娘の選択ではなく、単身になった母が「権威を保ちにくい」同居を避けた結果なのかもしれない。

3　政策への示唆

「同居」がもつ意味は、ジェンダー（父と母）で異なるだけでなく、同じジェンダーでも親か子かによって異なる（たとえば同じ女性でも、娘と母では異なる）。さらにライフステージによっても異なるかもしれない（たとえば親の介護が必要な時期と、そうでない時期）。これが本章の分析から示唆されることである。

すべての人が、すべての状況で、親と成人子の「同居」を望ましいと感じているわけではない。つまり三世代同居の推進策は、高齢者の介護対策としても、すべての当事者に望まれているとは言えない。したがって、同居を望む人には同居の支援策を、一方、同居を望まない人には、親子が独立して生活を営みつつ、つながりも維持できるような支援が、それぞれ必要である。

特に女性は、配偶者との死別後、「権威を保ちにくい」同居を強いられることになりやすい。その背景として、男性稼ぎ主型制度のもとでは、女性は就業継続が難しく、老後に自立して生活できるだけの経済的資源を蓄積しにくいことがある。したがって長期的なスパンで考えると、女性が結婚・出産後も継続就業できるように、男性稼ぎ主型の制度を見直し、共働きを支援する政策が必要であろう。

最後に、分析上の課題について述べる。本章の分析で、（夫方・妻方の両方において）父との同居は、父の配偶関係にあまり影響を受けないという結果が得られた。これは、無配偶の母に比べて、無配偶の父のケース数が少ないせいかもしれない。この点については、より多くのケースが得られるデータで検証する必要がある。しかしこのことは、実際に配偶者と死別し後に遺される人は、父親に少なく、母親に多いという現実の反映にほかならない。そして単身で遺された母親にとって、既婚子との同居は親の権威を保ちにくいという可能性を、本分析は示唆している。したがって「女性は、夫・息子といった男性稼ぎ主に生涯にわたって扶養される」という制度的想定を見直す必要があることに変わりはない。

注

（1）ただし例外として、父についての分析と母についての分析で、分布が若干異なる変数が次の①～③の三つある。これらはすべてライフステージに関する変数であり、分布の違いはすべて、父より母の方が長寿であることの反映である。具体的には、①夫の年齢と、②末子の年齢は、父についての分析対象者より、母についての分析対象者の方が年長であるが、それは母の方がより長寿なので、結果として、その子世代である夫や、その孫世代である末子の年齢も、母についての分析対象者の方が年長となる。次に、③親の配偶関係については、母の方が無配偶が多いが、それは父より母の方が長寿なので、配偶者と死別した人が多くなるからである。

（2）ただし次の2点が若干異なる。まず、①親の年齢は、本章の方がやや若い。その理由は、前章は「父母ワンセットで、両方健在の場合はより年長の親」についてのデータであるのに対し、本章は「個人単位で、健在の父と母それぞれ」についてのデータであるためである。次に、②配偶関係は、本章の方が、父は有配偶が多く、母は無配偶が多い。その理由は、前章は父母を一単位としているので父母の平均が示されており、それに比べると本章は個人単位なので、父母それぞれの特徴がより強く出る結果、父は有配偶が多くなり、母は無配偶が多くなるからである。

（3）保田（2004）も、成人子の年齢（したがって親の年齢）が上がるにつれ、援助は互酬的なものから、子から親への一方的なものになることを示している。

第5章

成人子から親への援助
――「夫婦の個人化」に注目して

第1節　親・義親への援助は男女でどう異なるか

1　「夫婦は一体」という想定の再検討

これまでの章では、親との居住関係について見てきた。ここからの章では、親と別居している成人子を対象に、援助の授・受という面から、親との関係を分析する。本章（第5章）では、成人子から親への、いわば上方向の援助をとりあげる。これは成人子が援助の与え手としてイニシアティブをとる援助である。そして次章（第6章）では逆方向の、親から成人子への、下方向の援助をとりあげる。これは親が与え手としてイニシアティブをとる援助である。

まず本章でとりあげる成人子から親への、成人子がイニシアティブをとる援助について、「夫婦の個人化」という分析視点を確認しておこう（詳しくは第2章を参照）。これまで、日本における大規模な量的データを用いた分析では、親への援助が、夫と妻でどう異なるかという分析はあまりされてこなかった。その理由として、子夫婦が親に援助する時は、子夫婦が一体となって援助するという想定が、暗黙のうちにあったからだと思われる（あるいは親への援助は妻の役割なので、妻が、夫の意を受けて気持ち的には夫婦一体となって、援助するという想定であるかもしれない）。

しかし近年、個人化論（Beck 1986：Giddens 1992）の登場にともない、夫婦についても、夫と妻は必ずしも一体として行動するわけではないという視点がとられるようになった。そして親への援助についても、実際の調査結果で、そうした「夫婦の個人化」の傾向が報告されている。たとえば大学生を対象とした調査では、男女とも、配偶者の親より自分の親を優先して、介護をしたいという意識をもっている（春日 2010）。また、結婚している男女の調査によると、実際に、夫は夫の親、妻は妻の親を優先して相談・看病・手伝いなどの援助をしている（田渕 2009）。

夫婦の個人化の背景として、少子化、親の長寿化、子の晩婚化などにより、夫と妻がそれぞれ、自分の親との関係が長期化・緊密化していることがある（第1章第2節の人口学的変化を参照）。また男女平等意識の高まりや女性の経済力向上により、父系優先規範が揺らいでいることも関係しているだろう（第1章第4節「5　ゼロ成長期」を参照）。

本章では、夫は夫の親を援助し、妻は妻の親を援助するという「夫婦の個人化」傾向が、実際に見られるかどうかについて分析する。

「夫婦の個人化」を確かめるためには、夫婦単位の調査で、かつ、夫・妻それぞれの回答が得られるようなデータを分析することが望ましいが、そのような大規模調査はあまり行われていない。そこで本章では、無作為抽出の全国調査を用いて、既婚の男女の回答を比較することにより、男性と女性では親・義親への援助がどう異なるかについて分析したい。

2 分析で明らかにしたいこと

本章では、成人子から親へという、成人子がイニシアティブをとる援助について、次のような問いに答えたい。

第一に、子世代の性別に注目すると、援助において「夫婦の個人化」(つまり男性は夫方親により援助し、女性は妻方親により援助するという傾向)は見られるだろうか。そして、もしそうした傾向があるとすると、その傾向は、経済的援助と世話的援助ではどちらが強いだろうか。

第二に、子世代における性別分業の弱化として、妻の収入に注目し、妻の収入の高まりは、既婚子から親・義親への援助にどのような影響を及ぼすだろうか。たとえば妻の経済力の高まりと、その結果としての夫婦間における妻の影響力の高まりは、妻方親へより多く援助する傾向を強めるだろうか。それとも、女性は親族関係維持役割(kin-keeper 役割。第2章を参照)を期待されているので、妻の影響力の高まりは、妻方だけでなく、妻方・夫方の両方の親に援助する傾向を強めるだろうか。

3 先行研究にみる親への援助に影響する要因

これまでの研究では、どのような要因が親への援助に影響すると報告されているか。先の問いで示したように本章では、第一に性別、第二に子世代の妻の収入に注目する。

第一の性別については、男女を比較したいくつかの研究で「夫婦の個人化」が報告されている。たとえば岩井・保田（2008）の分析では、経済的援助と実践的援助（家事・介護などで、本書の世話的援助に当たる）の両方において、回答者が男性だと援助が夫方親に傾き、女性だと妻方親に傾く傾向が報告されている。また田渕（2009）も、非経済的援助（相談・看病・手伝いなどで、本書の世話的援助に当たる）において同様の傾向を報告している。ただしこれらの研究では、男女差について論じられていなかったり、他の要因がコントロールされていない。そこで本研究では、こうしたことも考慮に入れて分析する。

第二の、子世代の妻の収入に関しては、妻の経済力が高まると、援助が妻方親に偏る傾向が報告されている。たとえば妻が働いていると（特にフルタイムで働いていると）、妻方親への経済的援助が増えるが、夫方親への援助についてはそのような傾向は見られない（岩井・保田 2008；白波瀬 2005b）。また世話的援助の一つである介護についても、妻がフルタイムで働いていると、妻方親への介護が減ることはないが、夫方親への介護は減る（小山 2001）。

これら以外の要因として先行研究によると、規範要因、ニーズ・資源要因、親との地理的距離などの状況要因も、援助に影響を与える。

まず規範要因については、夫が長男だと、援助が夫方に傾く傾向がある（岩井・保田 2008；白波瀬 2005b）。

次にニーズ・資源要因について見ると、まず親のニーズについては、夫方・妻方にかかわらず、親がニーズを抱えている場合（たとえば親が無配偶だったり、健康でなかったり、高齢である場合）は、そうした親への援助が多くなる（岩井・保田 2008：小山 2001：白波瀬 2005b：直井・小林・Liang 2006）。一方、子の資源については、子世代の世帯収入が多いと、妻方親への経済的援助が増える（白波瀬 2005b）。これは、世帯収入が多いことの一因が妻の収入の多さにあり、それが妻の影響力を高め、妻方親への援助を増やしているのかもしれない。

最後に状況要因として、親との距離が遠いと、親への世話的援助が少なくなる（岩井・保田 2008: 小山 2001：白波瀬 2005b：直井・小林・Liang 2006）。ただし、経済的援助にはほとんど影響しない（岩井・保田 2008：白波瀬 2005b）。送金や銀行振り込みなどにより、直接会わなくても援助できるからだろう。

第2節　データと分析方法

データ

本章で分析するのはこれまでの章と同じで、「第3回全国家族調査（NFRJ08）」（２００９年）から得られた、成人子世代の既婚の男・女（本人が28～60歳未満、配偶者が60歳未満）のデータである。

ただしその中で、分析対象を次のように限定する。第一に、親と同居している人と別居している人では、援助のあり方が大きく異なるため、親と「別居」している人を対象とする。第二に、分析の目的が夫方親への援助と妻方親への援助の比較なので、両方の親の条件をそろえる必要がある。そこで、父への援助についての分析では、夫方・妻方両方の父が健在で、かつ両方の父と別居している人を対象とする。同様に母への援助についての分析では、夫方・妻方両方の母が健在で、かつ両方の母と別居している人を対象とする。

変数と分析法

分析に用いる具体的な質問は、以下のとおりである。夫方の父・母、妻方の父・母という4人の親それぞれについて、経済的援助として「この1年間に、この方に金銭的な援助（小遣い、仕送り、贈与など）をしましたか」と質問し、「した（年間30万円以上）／した（年間30万円未満）／しなかった」という三つの選択肢から答える。また世話的援助については「この1年間に、この方の看病や家事などの手伝いをしたことはありましたか」と質問し、「あった／なかった」という二つの選択肢から答える。

本章の分析のためには、子から親への経済的援助・世話的援助のそれぞれについて、夫方親と妻方親でどちらが多いかを比較しなければならない。そこで分析では、次の4種類の援助、つまり、

- 経済面における、①父への援助と、②母への援助、
- 世話面における、③父への援助と、④母への援助、

のそれぞれについて、夫方と妻方でどちらが多いか（あるいは同じか）を比較する。

そのために、右の①〜④の4種類の援助それぞれについて、分析対象者の回答を次の4パターンに分類する。

- 「夫方多い」：夫方親への援助のほうが多い。
- 「妻方多い」：妻方親への援助のほうが多い。

表5-1　分析に用いた変数

(1) **被説明変数**
・夫方 / 妻方バランス（成人子から親への援助における）：
　夫方多い、妻方多い、両方同じ、両方なし［基準］。
(2) **説明変数**
・回答者（成人子）の性別：女性（1）、男性（0）。
・妻の年収：なし（0）、100万円未満（0.5）、100-129万円（1.15）、130-199万円（1.65）、200-299万円（2.5）、300-399万円（3.5）、400-499万円（4.5）、500-599万円（5.5）、600-699万円（6.5）、700-799万円（7.5）、800-899万円（8.5）、900-999万円（9.5）、1000-1099万円（10.5）、1100-1199万円（11.5）、1200万円以上（12.5）。
・夫の年収：妻と同じ。
(3) **コントロール変数**
①**規範要因**
・居住地（成人子）の人口：非人口集中地区（1）、人口集中地区（0）。
・居住地（成人子）の親族的伝統：核家族地域［基準］、拡大家族地域、その他の地域。なお各地域の分類は以下のとおり（西岡2000）。
・「核家族地域」（北海道、南関東［千葉・埼玉・東京・神奈川］、京阪神圏［京都・大阪・兵庫・奈良］、南九州［宮崎・鹿児島］）、
・「拡大家族地域」（東北［青森・岩手・宮城・秋田・山形・福島］、北陸［新潟・富山・石川・福井］、北関東［茨城・栃木・群馬］）、
・「その他」（上記以外）。
・きょうだい構成（成人子）：③**成人子のニーズ・資源**に示した「兄弟数」「姉妹数」のダミー変数で代用する。（その理由は、夫・妻それぞれが「跡継ぎ」の位置にあるかと、それぞれの兄弟数・姉妹数を同時に投入するモデルで分析したが、モデルが収束しなかったためである）。
・夫の教育年数：中学（9）、高校・専門学校（12）、短大・高専（14）、4年制大学（16）、大学院・6年制大学（18）。
・妻の教育年数：夫と同じ。
②**親のニーズ**
・親の年齢。
・親の配偶関係：親の配偶者が死亡（1）、健在（0）。
③**成人子のニーズ・資源**
・成人子の子ども：12歳未満の子が、いる（1）、いない（0）。
・夫の兄弟数：なし［基準］、1人、2人以上。
・妻の　〃　：上に同じ。
・夫の姉妹数：上に同じ。
・妻の　〃　：上に同じ。
④**状況要因**
・当該親との距離：同じ敷地内の別棟（0.5）、15分未満（1）、15-30分未満（2.25）、30-60分未満（4.5）、1-3時間未満（9）、3時間以上（18）。

（注）［基準］はダミー変数における基準カテゴリーを示す。「回答者」「夫」「妻」は成人子世代を指す。

・「両方同じ」：夫方と妻方に同程度の援助をしている。
・「両方なし」：どちらにも援助をしていない。

この4パターンを「夫方／妻方バランス」とよぶ（このよび方については、岩井・保田（2008）を参考にした）。①〜④の4種類の援助それぞれにおける「夫方／妻方バランス」の分布については、後出の**表5－2**に示した。

本章では、経済面における①父への援助、②母への援助、そして世話面における③父への援助、④母への援助という4種類の援助それぞれについて独立に、多項ロジスティック回帰分析を行う。分析で用いた変数は**表5－1**に、そして、これらの変数の記述統計は巻末の**資料5－1**に示した（経済面における①父への援助、②母への援助、世話面における③父への援助、④母への援助という、4種類の援助の分析ごとに示した）。

第3節　「夫婦の個人化」と「女性の親族関係維持役割」の並存

1　クロス集計でみる夫方／妻方バランスの男女差

表5－2は、夫方／妻方バランスが男女でどう異なるかを4種類の援助ごと（経済面での①父、②母への援助、世話面での③父、④母への援助）に示したものである。

表からわかることとして、第一に、経済面での①父、②母への援助、世話面での③父、④母への援

表 5-2　親への援助の提供における夫方／妻方バランスの分布（①〜④の援助別・男女別）

			夫方多い	妻方多い	両方同じ	両方なし	計	(N)	Pearson のカイ 2 乗値
経済面における	①父への援助	男	10.3	3.8	4.8	81.2	100%	(399)	17.114 **
		女	6.7	10.1 **	7.0	76.1	100%	(415)	
		(計)	(8.5)	(7.0)	(5.9)	(78.6)	(100%)	(814)	
	②母への援助	男	15.6 *	0.7	5.6	78.1	100%	(540)	18.352 **
		女	10.6	2.7 *	10.0 **	76.7	100%	(558)	
		(計)	(13.0)	(1.7)	(7.8)	(77.4)	(100%)	(1098)	
世話面における	③父への援助	男	17.4 **	7.1	4.0	71.5 **	100%	(397)	54.851 **
		女	7.5	21.5 **	8.7 **	62.3	100%	(414)	
		(計)	(12.3)	(14.4)	(6.4)	(66.8)	(100%)	(811)	
	④母への援助	男	20.3 **	6.2	5.3	68.1 **	100%	(561)	150.121 **
		女	10.8	25.5 **	18.0 **	45.7	100%	(628)	
		(計)	(15.3)	(16.4)	(12.0)	(56.3)	(100%)	(1189)	

** <.01、* <.05

（注）バランスの％についている **、* は調整済み残差の検定結果。男女の比較が容易なように、分布が有意に多い方にのみつけた。

助という4種類のほとんどにおいて、男性は「夫方多い」が多く、女性は「妻方多い」が多い。つまり親への援助における「夫婦の個人化」が見られる。

第二に、「夫婦の個人化」は、経済的援助より世話的援助でより鮮明である。つまり世話的援助の方が個人化しやすい（調整済み残差による検定から）。その理由として、経済的資源は夫婦共通の資源と見なされて個人化しにくいのに対し、世話の提供は個人の行為なので、より個人化しやすいと考えられる。

第三に、「両方同じ」は女性に多い。つまり女性は、世話だけでなく経済面でも、夫方・妻方両方の親に援助する傾向が男性より強く、両方の親との関係をつなぐ親族関係維持役割を担っているといえる。それに対して「両方なし」は、世話面において男性に多い。男性は親にも義親にも、世話的援助はあまりしないようだ。

最後に、「両方なし」という人は、男女ともに、①〜④の4種類の援助のすべてにおいて最も多い。こ

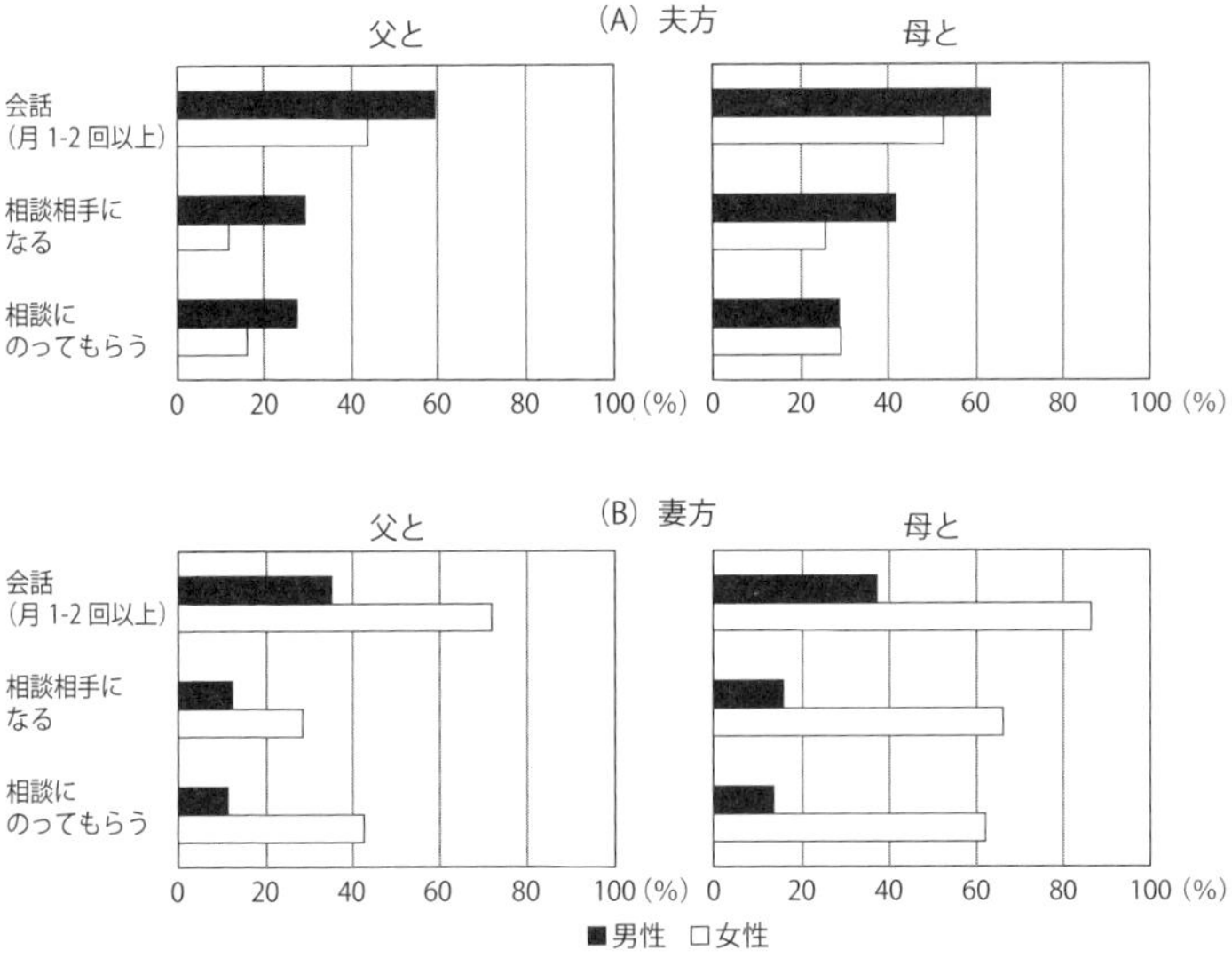

図 5-1　親との会話や相談の状況（夫方の父・母、妻方の父・母別）

（注）質問文は「会話：この1年間に、この方と"話らしい話"をどのくらいしましたか」「相談相手になる：この1年間に、この方の相談相手になることはありましたか」「相談にのってもらう：この1年間に、この方に相談にのってもらうことはありましたか」。分析対象となったケース数は「会話」について男性／女性の順に、夫方の父と（339／416）、母と（568／630）、妻方の父と（339／417）、母と（564／631）である。「相談相手になる」「相談にのってもらう」も、ほぼ同じである。男女の比較についてのカイ二乗検定は、「n.s.」（有意差なし）と示したものを除いて、すべて1% 水準で有意。

れは、孤立核家族論（第3章を参照）が論じるように、世代間の孤立を示しているのだろうか。

そうではないと考える。その理由として、第一に質問のしかたとして、この調査では「この1年」と期間を限定していることがある。もし期間をもう少し長く設定すると、援助を受けた経験「あり」という回答が増えると考えられる。

第二に、たしかに援助という側面に限定すると、医療・年金・介護制度の発達により高齢者の収入・健康の水準が向上し、成人子からの援助なしで生活できる期間が長期化している（第1章第3節の公的制度の発達を参照）。しかし会話や相談といった側面を見ると、同じく「この1年」と限定しても、**図5－1**に示したように親子の交流は頻繁である。したがって援助における「両方なし」の多さは、世代間の孤立を示しているとは言えないと考える。

さらに同じく**図5－1**で、会話や相談の男女差に注目すると、第一に、男性はⒶ**夫方親**との会話・相談が多く、女性はⒷ**妻方親**とのそれが多い傾向があり、会話や相談においても「夫婦の個人化」が見られる。しかし第二に、Ⓑ**妻方親**との会話や相談では男女差が大きいことから、男性は妻方親との交流はあまり持たない。一方、Ⓐ**夫方親**との会話や相談では男女差が小さいことから、女性は夫方親との交流もよく行っている。つまり会話や相談においても、「女性の親族関係維持役割」が見られる。

以上、クロス集計からは、世代間の援助において、第一に、「夫婦の個人化」（自分の親をより多く援助する）は男女ともに見られ、この傾向は、経済面より世話面でより鮮明だった。第二に、個人化とは別の傾向として、「両方同じ」という「親族関係維持役割」は女性に多く見られた。

2　男性は個人化、女性は個人化と親族関係維持役割

では、他の変数をコントロールしても、クロス集計と同じような傾向が見られるのか。詳しい分析結果は巻末の**資料5－2**～**5－3**に示した。

図5－2は、回答者の性別が、「夫方多い」「妻方多い」「両方同じ」の出現しやすさにどのような影

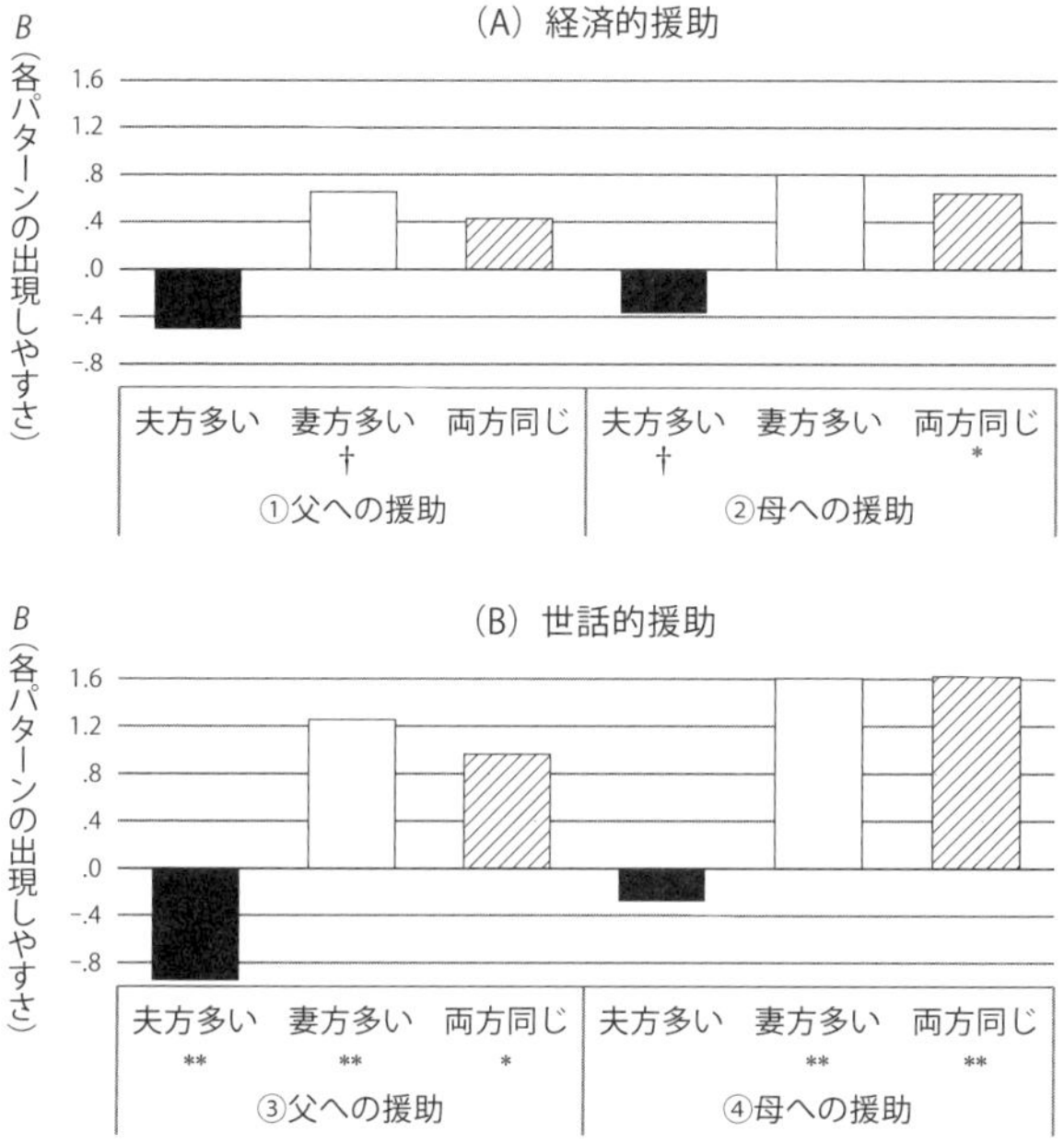

** <.01, * <.05, † <.1

図 5-2　成人子が「女性」だと各パターンの出現しやすさがどれくらい高まるか（「男性」の場合に比べて）

響を及ぼすかを、分析結果から抽出して図示したものである（基準カテゴリーは「両方なし」）。Ⓐ**経済面**とⒷ**世話面**における、父・母それぞれへの援助に分けて示してある。基準は「回答者が男性」である場合とし、これと比較して、回答者が女性だと各援助をする確率にどのような効果があるかを示している。回答者が女性である場合に、「夫方多い」にはマイナスだが、「妻方多い」にはプラスという逆の効果があるなら、援助において「夫婦の個人化」が見られると解釈できる。

まずⒶ**経済的援助**について見ると、回答者が女性であることは、「夫方多い」にはマイナス、「妻方多い」と「両方同じ」には逆にプラスの効果を与える傾向が見られる。ただし有意水準の点で、効果はあまり鮮明ではない。

次にⒷ**世話的援助**について見ると、経済的援助と同様に、回答者が女性であることは、「夫方多い」にはマイナス、「妻方多い」と「両方同じ」には逆にプラスの効果があり、しかも有意水準からみてその効果はより鮮明である。

以上から、第一に、他の要因をコントロールしても、回答者が女性なら「妻方多い」が多く、男性なら「夫方多い」が多いという、個人化の傾向が見られ、特に経済面より世話面でこの傾向がはっきり見られた。

第二に、(個人化とは別の傾向として、)女性では、夫方・妻方の両方の親に同じように援助する「両方同じ」が男性より多い。これは女性が、両方の親に対して親族関係維持役割を担っていることを示すと考えられる。

まとめると、自分の親をより多く援助するという「夫婦の個人化」は、男女双方でみられる。それに加えて女性では、夫方・妻方両方の親に同じくらい援助するという「親族関係維持役割」もみられる。

3　妻と夫それぞれの収入の影響

二つめの問いは、妻の収入の高まりは、成人子から親への援助にどのような影響を及ぼすかであっ

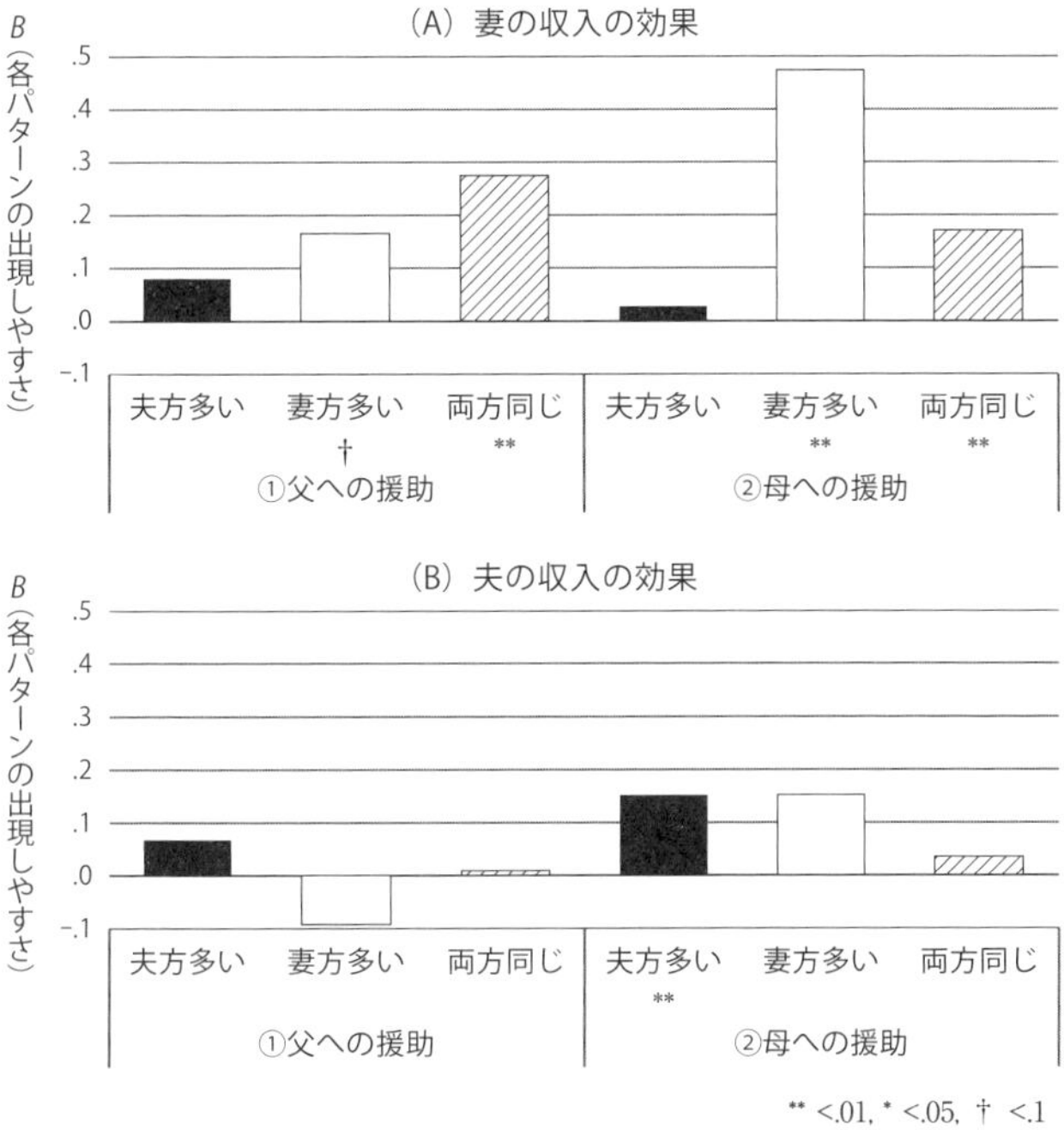

図 5-3　妻・夫それぞれの収入が 100 万円増えるごとに各パターンの出現しやすさがどれくらい高まるか（親への経済的援助において）

た。妻と比較するために、夫の収入も独立変数に加えて、妻と夫それぞれの収入が、回答者の親・義親への援助バランス（夫方／妻方バランス）にどのような影響を及ぼすかを分析した。

詳しい分析結果は、先ほどと同じ**資料 5-2 〜 5-3** に示した。この分析において、性別はコントロールされているので、以下で説明する収入の効果は、男女どちらの回答者にも当てはまる。

図 5-3 は、経済的援助に対する収入の効果を抽出して図示したものである。Ⓐは（回答者夫婦における）**妻の収入**が、回答者の「夫方多い」「妻方多い」「両

方同じ」といった援助バランスにどのような影響を及ぼすかを示している。これによると（回答者の性別にかかわらず）、妻の収入が高いと、「妻方多い」が多くなるだけでなく、「両方同じ」も多くなる。

次に比較のために、**図5−3**の(B)で**夫の収入**の影響を見よう。これによると（回答者の性別にかかわらず）、夫の収入が高いと、「夫方多い」が一部で多くなるだけで、「両方同じ」が多くなることはない。

まとめると、親への援助のうち、経済的援助に対しては、妻の収入と夫の収入で効果が異なる。(A)のように（回答者夫婦における）**妻の収入**が多いと、男女ともに、「妻方親へより多く」援助する人が増えるが、それだけでなく「両方の親へ同じ」ように援助する人も増える。しかし(B)のように**夫の収入**が多い場合には、「両方の親へ同じ」ように援助する人が増えることはない。

ではなぜ、妻の収入だけが、「両方の親へ同じ」ように援助するというパターンを強めるのか。それは妻が、両方の親に対する「親族関係維持役割」を期待されているからではないか。つまり、妻の収入の高まりは、夫婦関係における妻の影響力を高める。そしてその妻が、「両方の親を援助すべき」という期待にこたえようとする人なら、その意識は夫にも影響し、回答者が夫であろうと妻であろうと、「両方の親を同じ」ように援助する傾向も強める、と解釈できるのではないか。

最後に、世話的援助については、**資料5−2〜5−3**に示されているように、妻の収入も夫の収入も、父・母どちらへの援助においても、援助バランスに影響しなかった（したがって結果の図示は省略した）。つまり世話的援助については、子世代の収入が、「夫方多い」「妻方多い」「両方同じ」などの援助バランスに影響することはない。世話的援助のバランスは、収入とは別の要因によって決まるのだと考えられる（たとえば、先に見た回答者の性別や、次に見る父系規範やそれぞれの親との距離など）。

4　他の変数の効果

最後に**資料5-2～5-3**で、コントロール変数のうち有意な効果があったものについて検討すると、ほぼ予想通りの効果であることが確認できた。

まず規範要因として、拡大家族の伝統がある地域や非都市部に住んでいることは、「夫方多い」にプラスの効果があった。これは、こうした地域では父系規範が強く残っていることを示している。

次にニーズ・資源要因として、親がニーズ（高齢である、配偶者が死亡しているなど）をもっていると、その親への援助が多くなった。たとえば、夫方親のニーズは「夫方多い」にプラスの効果をもち、妻方親のニーズは「妻方多い」にプラスの効果をもっていた。

最後に状況要因として、親との距離が遠いほど、援助が少なくなる傾向が見られた。具体的には、夫方親との距離が遠いと「夫方多い」や「両方同じ」に対してマイナスの効果があり、同様に妻方親との距離が遠いと「妻方多い」に対してマイナスの効果があった。

これら以外の詳しい結果については章末の**注**に示した。

第4節　親・義親への援助をとらえる新しい枠組み

1　「夫婦の個人化」という視点

結果の要約

この章では、成人子から親・義親へという、成人子が与え手としてイニシアティブをとる援助について分析した。その結果、次のことがわかった。

第一に、性別については、夫は夫の親をより多く援助し、妻は妻の親をより多く援助するという「夫婦の個人化」が見られた。これに加えて女性では、夫方・妻方両方の親に同じように援助する人が夫より多いという「女性の親族関係維持役割」も見られた。これらの傾向は、世話的援助でより鮮明だった。

第二に、子世代の収入については、経済的援助に対してのみ効果が見られた。妻の収入の高まりは、回答者の性別にかかわらず、「妻方親により多く」経済的援助をする傾向を強めるが、それだけでなく「両方の親に同じ」ように援助をする傾向も強める。しかしながら、夫の収入が高まっても、「両方の親に同じ」ように援助する傾向は強まらない。このことは、今後、女性の経済力が高まるにつれ、父系規範が命ずる「夫方優位」から、「両方同じ」や「妻方優位」へと、援助の重心が妻方へ移ることを示唆しているかもしれない。

以上の結果から、成人子から親への援助について、次のような新しい視点でとらえることが必要と言えるのではないか。

先行研究では、親・義親への援助は「夫婦一体」で「夫婦を代表して妻が」行う、といった暗黙の想定があった。そして実際の調査・分析も、この想定にしたがって、妻だけを対象にしたり、男女を対象にしても性別での比較はしないといったやり方で、行われてきた。

それに対して本章の分析からわかったのは、こうした想定は、あてはまる部分もあるが、あてはまらない部分も多いということである。あてはまる部分としては、両方の親に同じように援助する人は、女性に多いという「女性の親族関係維持役割」が見られたことである。つまり、妻が夫婦を代表して両方の親に援助するという人も、一定程度存在する。しかし、あてはまらない部分も多い。それは、夫は夫の親、妻は妻の親により多く援助するという「夫婦の個人化」が見られたことである。こうした人も多いのだ。

では、「夫婦の個人化」とはどのような現象であり、どのような社会的背景があるのか。「夫婦の個人化」と聞くと、「昔は夫・妻に共通の行動があったが、そこから夫は夫方優位へ、妻は妻方優位へとそれぞれの行動が分かれていき、個人化した」といったイメージが浮かぶかもしれない。しかし、そうではない。実際は、夫はこれまでどおり父系規範にしたがって夫方親により多く援助するが、妻はこれまでとは異なり父系規範に反する行動をし、妻方親により多く援助する、という現象である。つまり「夫婦の個人化」は、妻の行動パターンが父系規範から外れることによって生じた現象である。

妻の行動パターンがこのように妻方寄りに変化した社会的背景として、少子化・晩婚化によって夫と妻、それぞれの、自分自身の親との関係が長期化・親密化したこと、その中で男女平等意識が高まったことによって、夫や夫の親にあまり遠慮することなく、女性が自分の親との関係を優先して行動できるようになったことなどが考えられる。

しかし同じような背景があっても、アメリカでは父系規範が弱いために、男性の行動の方が、妻に引きずられて妻方に傾き、男性と妻方親との関係が強まっていると報告されている（Lee et al. 2003）。しかし日本では、父系規範があるため、夫はあくまで夫方優位で変化せず、妻の行動だけが妻方優位になったために、夫は夫方、妻は妻方という「夫婦が個人化」した世代関係になるのではないか。したがって、親・義親への援助における「夫婦一体」あるいは「妻が夫婦を代表して」という想定は、当てはまらない場合もあるので、注意深く扱う必要がある。

2　息子介護にみる「夫婦の個人化」

世話的援助において「夫婦の個人化」傾向があるということは、男性が、自分の親の介護を中心となって担う「息子介護」（平山亮 2014）が増えていることを示唆する。実際に、主介護者が息子であるケースの割合は、１９７７年では２・４％だったが（津止 2007）、２０１３年の「国民生活基礎調査」によると11・４％になっている（介護時間が「ほとんど終日」の同居の主な介護者の中で、息子が占める割合）（厚生労働省 2013）。

「息子介護」という言葉を聞くと、独身の息子が想定される。しかし平山亮は、医療機関や福祉職に従事している人から「息子が主たる介護者である」として紹介を受けた男性たちにインタビュー調査を行ったが、それらの男性の半数は結婚していた。つまり妻がいる。

伝統的規範では、夫の親の介護者としてまず第一に期待されるのは妻である。しかし本章の分析結果を思いおこすと、男性が自分の親の主たる介護者となる、しかも妻がいるにもかかわらず、という一見意外に見える現象は、「夫婦の個人化」が介護という場面で現れたものともいえる。

では、これら結婚している息子介護者とその妻の、介護への関わり方はどのようなものか。以下では平山亮（2014）の研究を紹介しよう。

平山は、現実に介護が成立するためには、狭義の介護である「日常生活動作」（Activity of Daily Living＝ADLと略す）の介助と、「日常の家事」の両方が必要だと考える。ADLとは、たとえば食事をする、用を足す、移動する、着替えをする、入浴するなど、生きていくうえで基礎となる活動のことである。しかし現実の生活でADL介助を行うためには、「日常の家事」（たとえば食事を作る、洗濯や掃除をする、買い物をするなど）が、介護される人だけでなく、介護する人にも必要である。

ADL介助に注目すると、息子介護者の中には、妻が大きく関与しているグループと、ほとんど関与していないグループの二つがある。後者の、妻がほとんど関与していないグループでは、（妻方親については不明なので、夫方親を見る限りだが）夫だけが夫方親を介護しているので、ADL介助における「夫婦の個人化」が見られる。（ただし「日常の家事」に注目すると、両グループとも、妻たちのほとんどは、家庭で夫の衣食住の世話を含めた家事を担っており、その支えにより夫は親の介護ができている。さらに親の家事、たとえば夫が親の洗濯物を自宅に持ち帰り、妻がそれを洗うなどを担っている妻も多い。）

では、妻が夫方親のＡＤＬ介助にほとんど関与しないということに対して、夫はどのように感じているのだろうか。不満を感じていないグループと、感じているグループの二つに分けることができる。

一つめは「一人で看ると決めた夫たち」と平山が名づけたグループで、妻がＡＤＬ介助に関与することを、息子介護者たちは期待しておらず、したがって不満も感じていない。

このグループの息子たちは全員、親と別居しており、さらに多くは親との地理的距離が遠い（同じ都府県内に住んでいるケースはほとんどない）。インタビュー中、これらの息子たちが妻に対する不満を口にしたことはない。彼らは「血縁」を重視する傾向があり、インタビューでは、「他人」である妻よりも、自分の兄弟姉妹との介護分担について多くを語った。彼らは、妻に介護を期待しないだけでなく、むしろ、親の介護から妻を積極的に分離しようとしているのではないかとうかがえることさえあった。たとえばある息子は、週の半分は親の家に泊まりがけで介護しているが、自宅に戻っても妻に介護の話をすることはほとんどない。その理由は、介護の話をすると、妻が「自分も行かないといけないかしら」と悩むかもしれないからだという。親の介護を規範的に期待される妻に対して、罪悪感を覚えないよう配慮しているのである。

妻がＡＤＬ介助に関与しないもう一つのグループは、「嫁を〝失った〟同居の息子たち」と平山が名づけた人々である。伝統的規範では、夫親のＡＤＬ介助は「嫁」の役割なのだが、期待しているようには妻が夫親のＡＤＬ介助を助けてくれず、息子介護者たちはそのことに対して不満を抱えている。（ただし、この息子たちの妻のほとんどは、「日常の家事」は担っている。）

この息子たちは、もともと親の面倒を看なければという気持ちがあり、それゆえに全員が親と同居している。しかし妻の方は、夫親との同居がストレスになっていたようで、体調を崩したり、距離を置き始め、最終的にはＡＤＬ介護に関わらないようになってしまった。

つまり、親の介護における「夫婦の個人化」において、当事者の一方である夫たちの感情に注目すると、妻の不関与に納得している場合もあれば、そうでない場合もある。妻たちの感情についても同様ではないだろうか。親との関係における「夫婦の個人化」をめぐる、当事者たちの感情や意味づけ、そしてそれがどのような世代関係を生むかについては、本研究では明らかにできなかった。これらは今後の課題としたい。

本章では、「成人子から親へ」の援助という、成人子がイニシアティブをとる関係について分析した。では親の側は、成人子との関係をどう取り結んでいるのか。次の章では、親が与え手としてイニシアティブをとる関係である「親から成人子へ」の援助について分析しよう。

注

本文で述べた以外の、コントロール変数の効果としては次のとおりである。

まず、規範要因として、夫に男きょうだいが二人以上いると、特に経済的援助で「両方同じ」が多くなる。この理由として、男きょうだいが二人以上いる夫は、跡継ぎ（長男や一人っ子）でない可能性が高く、跡継ぎでない男性は夫方優先規範に従う必要性が低いので、「両方同じ」が多くなるのではないか。

また夫・妻がそれぞれ高学歴であることは「夫婦のうち高学歴である者の、親への援助が多い」にはマイナス、「夫婦のうち高学歴である者の、配偶者の親への援助が多い」や「両方同じ」にはプラスの効果があった。これは高学歴だと、規範から自由でより平等主義的になり、援助が自分の親本位にならないよう、配偶者の親にも配慮する傾向があることを示しているのではないか。

また、子夫婦に12歳未満の子がいることは、「夫方多い」にはプラス、「妻方多い」にはマイナスの効果があった。これも父系規範の影響が、ライフステージによって違うことを示しており、子世代が若いうちは、父系規範にしたがって夫方優位の関係をもつが、夫婦関係が長くなるにしたがって、妻の影響力が強まって父系規範の影響が相対的に弱まり、妻方優位の関係に移行するからだと解釈できる。

次に、ニーズ・資源要因として、先ほど見た子世代の高学歴の効果は、親の資源の効果である可能性もある。つまり子に高学歴を与えることのできる親は、親自身の資源も多いために子からの援助を必要とせず、そのため「夫婦のうち高学歴である者の、親への援助が多い」にはマイナスの効果があるのかもしれない。

また、子世代の資源として、妻に姉妹数が多いことは、「夫方多い」か「両方同じ」にプラスの効果がある。これは、妻に同性のきょうだい、つまり自分と同じジェンダー役割をもつ代替者が多くいると、自分の親を援助する責任から解放され、「夫方多い」か「両方同じ」が多くなると解釈できる。（ただし異性のきょうだい数については一貫した傾向が見られなかった。異性のきょうだい数が親への援助に対してどのような意味をもつかは、回答者の性別（したがってきょうだいの性別）によって複雑に異なるだろう。この検討は、今後の課題として残されている。）

第6章

親から成人子への援助
――援助の受け手としての女性

第1節　親からの援助の受け取りは男女でどう異なるか

1　親がイニシアティブをとる援助

前章では、「成人子から親へ」の援助、いわば成人子が与え手としてイニシアティブをとる援助について分析した。その結果、男性は夫方親に、女性は妻方親に、より多く援助するという「夫婦の個人化」が見られた。それと同時に、女性では、夫方・妻方両方の親に同じように援助する人が男性より多く、女性が夫方・妻方両方の親との間で「親族関係維持役割」を担う傾向も見られた。

この章では、前章とは逆方向の、「親から成人子へ」の「下方向」の援助について分析する。これは親が与え手としてイニシアティブをとる関係である。この関係においても、夫は夫方親から、妻は妻方親から、より多く援助を受けるという「夫婦の個人化」が見られるのだろうか。それとも親の側は、あくまで「子夫婦は一体」で「親族関係を維持するのは（子夫婦の）妻の役割」ととらえているのだろうか。もしそうだとすると、夫親からの援助も妻親からの援助も、夫より、妻が受け取ることの方が多いということになる。

上のような問いに答えるためには、「夫婦は一体」という暗黙の想定をはずして、夫と妻それぞれが親・義親から受ける援助を比較する必要がある。そのためには、夫婦単位の調査で、夫・妻それぞれの回答が得られるようなデータが望ましいが、そのような大規模調査はあまり行われていない。

そこで本章では、前章と同じ無作為抽出の全国調査を用いて、既婚の男・女の回答を比較することにより、男性と女性では、親・義親からの援助の受け取りがどう異なるかについて分析したい。

2 分析で明らかにしたいこと

本章では、「親から成人子へ」という、親がイニシアティブをとる援助について、次の問いに答えたい。

第一に、成人子の性別に注目すると、親からの援助の受け取りにおいても「夫婦の個人化」（つまり男性は夫方親からより多く援助を受け、女性は妻方親からより多く援助を受ける）が見られるだろうか。

それとも、親からの援助という、親がイニシアティブをとる関係においては、親はあくまで「子夫婦は一体」で「親族関係を維持するのは（子夫婦の）妻の役割」と見なしている可能性もある。もしそうだとすると、女性は、夫方・妻方両方の親から援助を受け取るのに対して、男性はどちらの親からもあまり受け取っていないという関係、つまり「女性の親族関係維持役割」型の関係が見られることになる。どちらがデータによりあてはまるだろうか。

第二の問いは、子世代の性別分業の変化は、親から成人子へという、親がイニシアティブをとる援助にどのような影響を与えるかである。ここでは子世代の妻の収入に注目する。妻の収入が高くなると、親から子夫婦への援助はどう変化するだろうか。これについては二つの仮説（予想）が考えられる。一つめは、親は、子夫婦の妻を稼ぎ手として重視しているので、妻の収入が高まると子夫婦に経済的余裕ができると考え、援助を控えるという予想である。もう一つは、親は、子夫婦の妻を稼ぎ手として重視していないので、たとえ妻の収入が高まっても、親は援助を減らさないという予想である。この二つの予想のうち、どちらがデータにあてはまるだろうか。

3 先行研究にみる親への援助に影響する要因

右の問いで示したように本章では、親からの援助の受け取りに影響を与える要因として、性別と、子世代の妻の収入に注目する。しかしながらこれまでの研究では、これらが親・義親からの援助に与える影響に注目して分析・考察した研究はあまりない。本章で一つの知見を報告したい。

これ以外の要因として、規範要因、ニーズ・資源要因、そして地理的距離などの状況要因についでは、先行研究がある。

まず、規範要因については、都市部に住んでいると、父系優先規範が弱まるためか、夫方親からの育児援助が低下する（施 2008）。また長男優先（男子がいないと長女優先）規範のとおり、夫が長男だと、夫方親からの世話的援助が多くなり、妻が長女だと、妻方親からの世話的援助が多くなる（岩井・保田 2008：施 2008）。

次に、ニーズ・資源要因として、親の資源については、親が資源を多くもっていると、成人子への援助が増える。たとえば、親が健康だと、親から成人子への経済的・世話的援助が多くなるし（岩井・保田 2008）、親の世帯収入が高いと、親からの経済的援助が多くなる（白波瀬 2001）。逆に、母親がフルタイムやパートタイムで働いていると、時間的資源が少ないためか、親から成人子への世話的援助が少なくなる（白波瀬 2001）。

子世代の資源に関しては、妻がフルタイムで働いていると、時間的資源が不足するためか、夫方・妻方両方の親からの世話的援助が増える（施 2008）。

最後に、状況要因として、親子間の地理的距離は、世話的援助に対して一貫した効果があり、距離が遠いと、親からの世話的援助は減る（岩井・保田 2008：施 2008：白波瀬 2001）。一方、経済的援助への影響については、異なる結果が報告されており、距離が遠いと、親からの経済的援助が減るという結果と（岩井・保田 2008：対象となる子世代は既婚のみ）、むしろ増えるという結果（白波瀬 2001：対象となる子世代は既婚・未婚を含む）の両方がある。

第2節　データと分析方法

データ

本章で分析するのは、前章と同じであり「第3回全国家族調査（NFRJ08）」（2009年）から得られた、成人子世代の既婚の男・女（本人が28～60歳未満、配偶者が60歳未満）のデータである。

そして前章と同様に、親との居住関係をそろえる必要があるので、父からの援助についての分析では、夫方・妻方両方の父が健在で、かつ両方の父と「別居」している人を対象とする。同様に母からの援助についての分析では、夫方・妻方両方の母が健在で、かつ両方の母と「別居」している人を対象とする。

調査における具体的な質問は、経済的援助については「この1年間に、この方から金銭的な援助（小遣い、仕送り、贈与など）を受けましたか」で、選択肢は「受けた（年間30万円以上）／受けた（年間30万円未満）／受けなかった」である。また世話的援助については「この1年間に、看病や家事などの手伝いをしてもらうことはありましたか」で、選択肢は「あった／なかった」である。この二つの質問を、夫方の父・母、妻方の父・母という4カテゴリーの親それぞれに対して行っている。

変数

多変量解析で用いた変数は**表6－1**に示した。これらの記述統計は巻末の**資料6－1**に示した。経済面と世話面それぞれ（2面）における、夫方の父・母、妻方の父・母のそれぞれ（4カテゴリー）から受

表 6-1　分析で用いた変数

(1) **被説明変数**

・経済的援助の受け取り：援助を受けた（年間 30 万円以上）、受けた（年間 30 万円未満）、受けなかった［基準］。

・世話的援助の受け取り：援助を受けた (1)、受けなかった (0)。

＊経済・世話それぞれについて、夫方の父・母、妻方の父・母という 4 カテゴリーの親それぞれについて独立に、多項ロジスティック回帰分析を行う。つまり経済的援助についての 4 つの分析と、世話的援助についての 4 つの分析の、計 8 つの分析を行う。このような分析を行う理由は、分析の欄で説明する。

(2) **説明変数**

・回答者の性別。

・妻の年収。

・夫の年収。

＊前章の分析と同じである（表 5-1 を参照）。

(3) **コントロール変数**

前章の分析と同じである（表 5-1 を参照）。

ただし例外として、次の変数については前章（表 5-1）と異なる変数を用いたので、以下に示した（その理由については、表 5-1 の①規範要因の「きょうだい構成」欄を参照）。

①**規範要因**として、次の変数を付け加えた。

・夫が「跡継ぎ」か：跡継ぎ（長男・一人っ子）である (1)、それ以外 (0)。

・妻が「跡継ぎ」か：跡継ぎ（兄弟なし長女・一人っ子）である (1)、それ以外 (0)。

②**成人子のニーズ・資源**の「兄弟数」「姉妹数」については、カテゴリー変数ではなく、すべて連続変数を用いた。

(注)［基準］はダミー変数における基準カテゴリーを示す。「回答者」「夫」「妻」は成人子世代を指す。

け取った援助という、計8種類（2×4）の分析ごとに示した。

第3節　親からの援助の受け手としての女性

1　「夫婦の個人化」は見られない――クロス集計の結果から

まず、前章の**表5-2**と同様に、経済・世話それぞれの面における、父・母それぞれからの援助を、「夫方多い」「妻方多い」「両方同じ」「両方なし」という夫方／妻方バランスの4パターンに分け、その分布を男女で比較した。

その結果、親からの援助においては、「夫婦の個人化」（男性は「夫方多い」が多く、女性は「妻方多い」が多い）は見られなかった。その代わりに見られたのは、経済・世話の両面で、男性は「両方なし」が女性より多く、女性はそれ以外の「妻方多い」「夫方多い」「両方同じ」が男性より多い。つまり女性は、援助を少なくともどちらかの親からは受け取っているパターンが、男性より多いという傾向である（表は省略）。

このことは女性が、夫方・妻方両方の親からの援助の受け手になっていることを示している。つまり親からの援助という、親がイニシアティブをとる関係においては、女性が両方の親との「親族関係維持役割」を担う傾向だけが見られ、「夫婦の個人化」は見られなかった。

このことをさらに明瞭に示すために、夫方／妻方バランス（いわば相対量）ではなく、親から受けた援助の有無や金額そのもの（いわば絶対量）に注目し、この分布を男女で比較した。

図6－1はその結果を示している。この図によると、Ⓐ**経済**とⒷ**世話**の両面で、妻方親からはもちろんのこと、夫方親からさえも、女性は男性より多く援助を受け取っている。例外としてⒷのⓐⓑ（世話的援助のうち、夫方の父・母それぞれからの援助）だけは、男・女が同程度に受け取っているが、このことは、夫方親からの援助についても、女性が男性と同じくらい受け取っている、つまり夫方親との関係でも、女性が男性と同じくらい重要な役割を果たしていることを示す。女性は、夫方・妻方両方の親からの援助の受け手になっているのである。

ただしより厳密にみると、非日常的といえる高額の援助（30万円以上）だけは、男女であまり差がない。つまり援助の中でも、日常的援助（つまり少額の経済援助や世話）において、妻が、夫方・妻方の両方の親からの援助の受け手になっている。これは女性が、日常的レベルでの親族関係維持役割を担っていること、しかも妻方親はもちろん夫方親との間でもその役割を担っていることを示している。

以上のクロス集計の結果から、「親から成人子へ」という、親がイニシアティブをとる援助においては、女性が夫方・妻方両方の親との関係をつなぐという「女性の親族関係維持役割」だけが見られた。それに対して「夫婦の個人化」（夫は夫方親から多く受け取り、妻は妻方親から多く受け取る）は見られなかった。このことから、親の側は「子夫婦は一体」と見なしているのではないか。

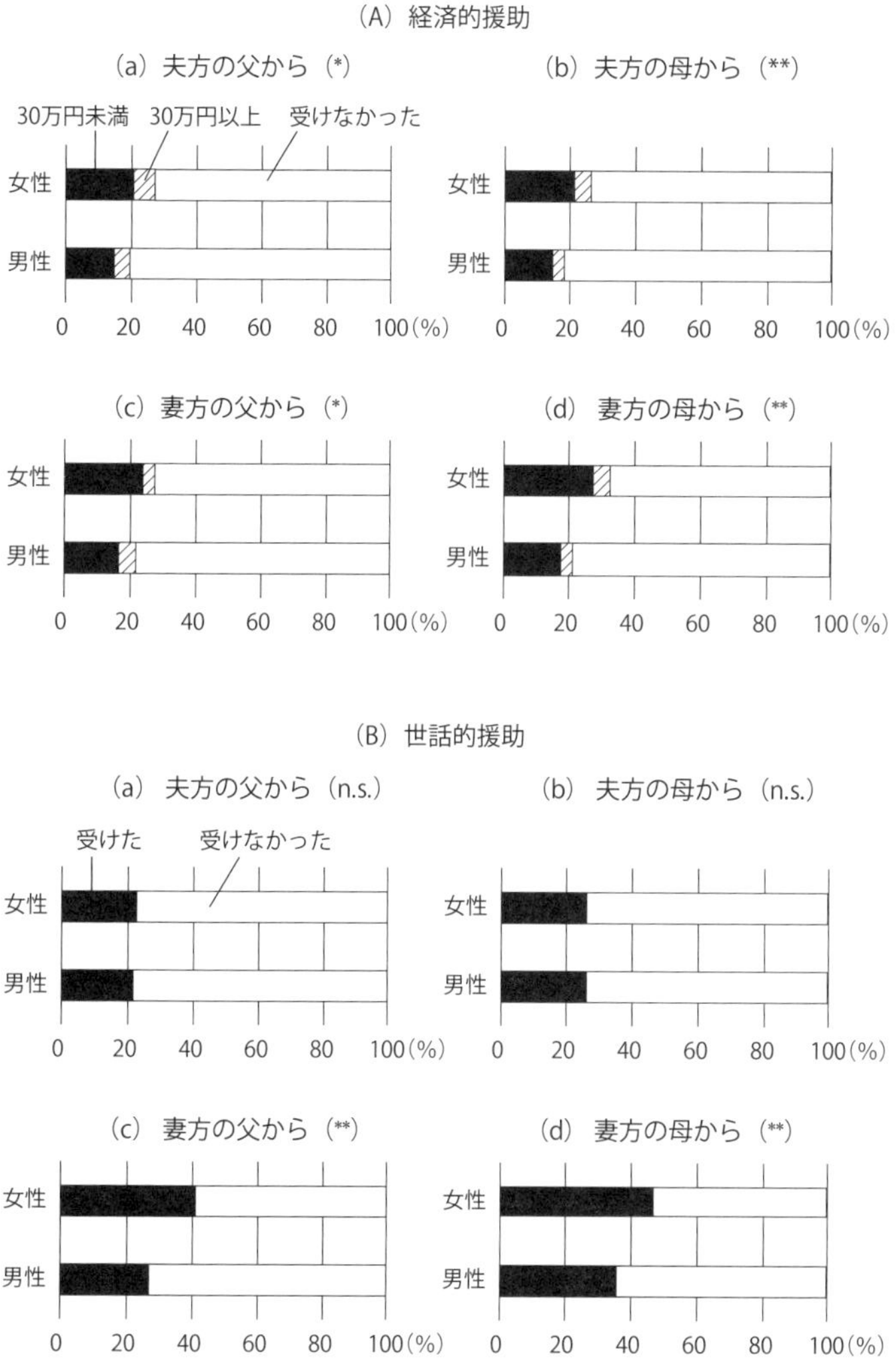

図 6-1　親から既婚子への経済的・世話的援助（過去 1 年間）

（注）(　) 内はピアソンのカイ二乗検定の結果。 ** <.01, * <.05。

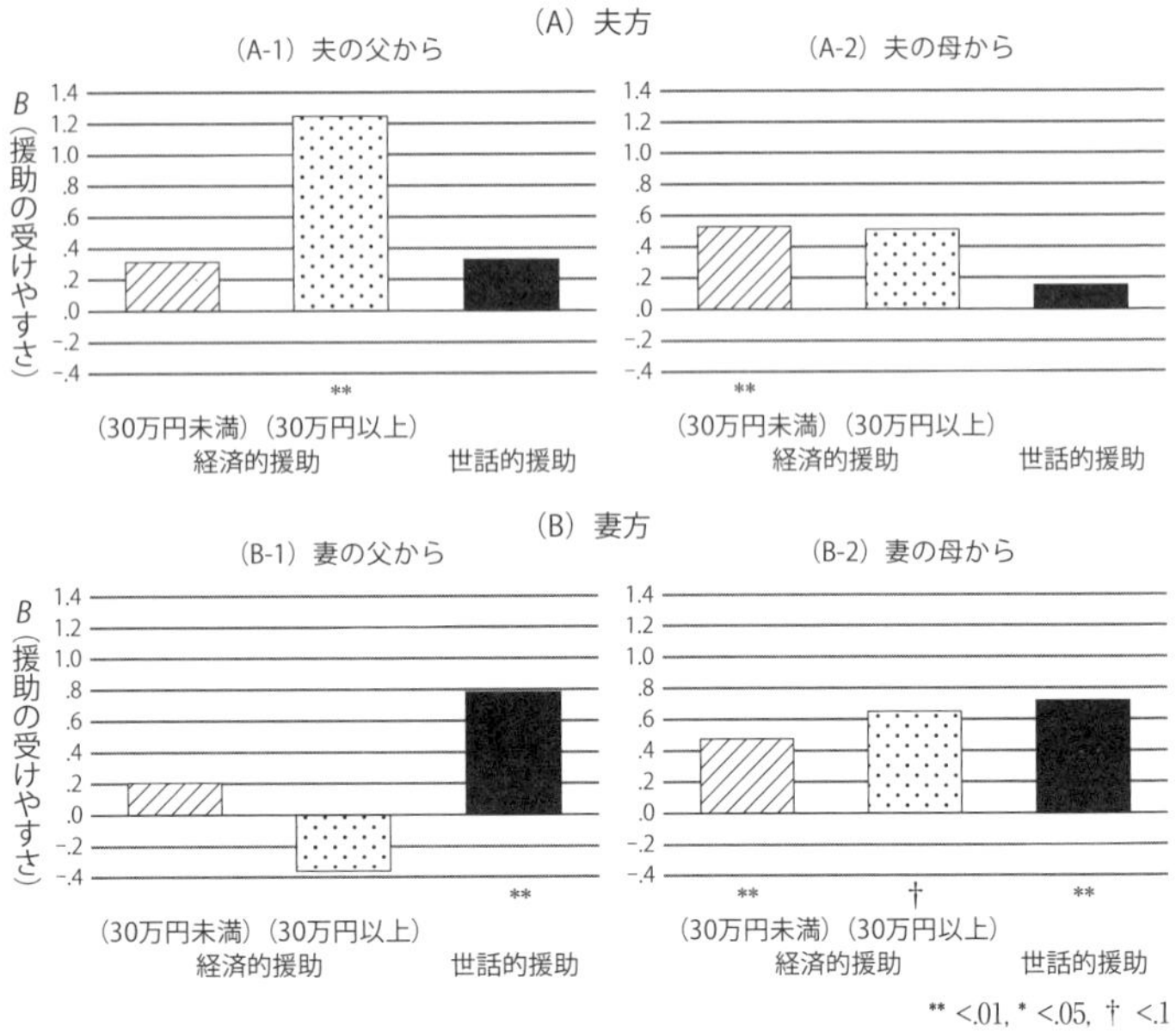

図 6–2　成人子が「女性」だと各援助を受ける確率がどれくらい高まるか（「男性」の場合に比べて）

2　女性の親族関係維持役割
——性別の効果から

こうした傾向が、他の変数をコントロールしてもみられるかどうかについて、多変量解析を行った。被説明変数は、経済・世話の2側面における、夫方の父・母と、妻方の父・母という4カテゴリーの親からの援助という、2×4＝8種類の援助である。このそれぞれを被説明変数とする、八つの多変量解析を行った。分析結果は巻末の**資料6－2**と**6－3**に示した。

図6－2は、回答者の性別が、8種類の援助に与える効果について、分析結果（**資料6－2**と**6－3**）から抽出して図示したものである。成人子

が女性だと（男性に比べて）各援助を受ける確率がどれくらい高まるかを示している。棒グラフでプラスだと、女性の方が援助を受ける確率が高く、マイナスだと、男性の方が援助を受ける確率が高い。

まず**Ⓐ夫方**の親について見ると、女性の方が援助を受ける確率が有意に高いものが二つある（夫の父からの30万円以上の援助と、夫の母からの30万円未満の援助）。一方、男性の方が援助を受ける確率が高いものは、夫方親からの援助にもかかわらず、一つもない。

次に**Ⓑ妻方**の親について見ると、女性の方が援助を受ける確率が有意に高いのは、妻の父からの世話的援助と、妻の母からのすべての種類の援助である。そしてここでも、男性の方が援助を受ける確率が有意に高いものは一つもない。

以上から、夫方・妻方にかかわらず、親からの援助については、一貫して女性の方が多く受け取り、いわば女性が受け手となっている。つまり親から子という、親がイニシアティブをとる援助では、子夫婦の間で「夫婦の個人化」は見られず、見られるのは、「夫婦一体」で「妻が夫方・妻方両方の親からの援助の受け手となる」という「女性の親族関係維持役割」である。

3　妻は稼ぎ手として重視されない——収入の効果から

次に、妻の収入が、親からの援助の受け取りに与える影響を見よう。分析結果は、先ほどと同じ巻末の**資料6-2**と**6-3**に示した。この分析において、性別はコントロールされているので、以下で説明する妻・夫それぞれの収入の効果は、男女どちらの回答者にも当てはまる。

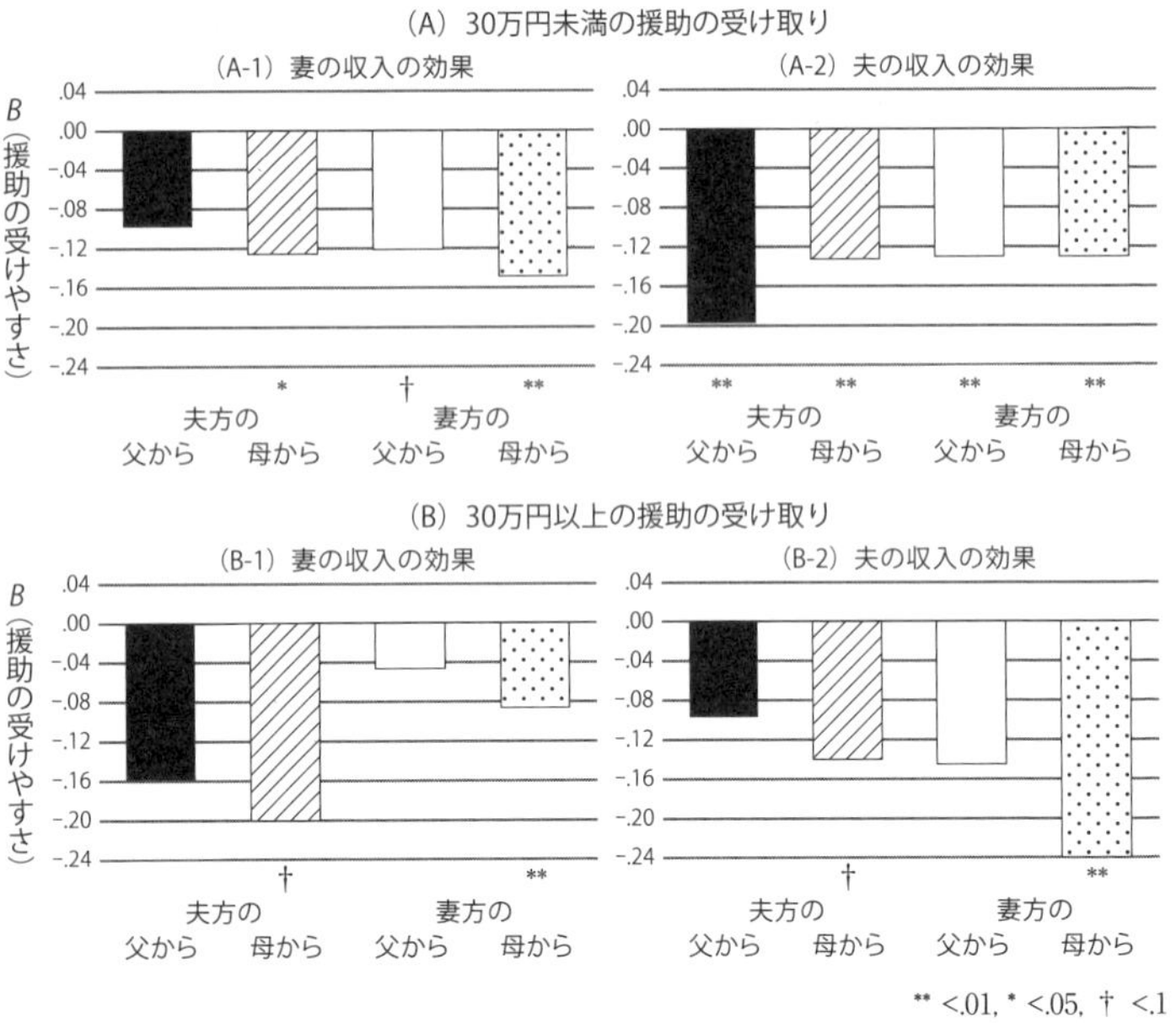

図 6-3　妻・夫の収入が 100 万円増えるごとに援助を受ける確率がどれくらい低下するか（親からの経済的援助において）

図6－3は、親からの経済的援助の受け取りに対する、妻の収入の効果を、分析結果から抽出して図示したものである。比較のために、夫の収入の効果もあわせて図示した。

まず**(A)30万円未満**の援助については、(回答者が男女どちらであっても)、夫の収入の方が、妻の収入より、親からの援助を抑制する効果が鮮明である。

この結果は、親が成人子に経済的援助をするかどうかを決めるにあたって、夫の収入が多いかどうかについては、どの親も考慮に入れるが、妻の収入については、それほど考慮に入れない、ということを示していると解釈できる。もしそうだとすると親は、夫に対しては、一家の稼ぎ手と見なしてその収入が多いかどうかを重視するが、妻に対しては、たとえ収入があっても稼ぎ手とはみなしにくいといえる。妻はむしろ、先に示したように、援助の受け手であり、受け取った援助を家族のために分配・消費する存在と見なされているのではないか。

一方、**(B) 30万円以上**の援助については、夫の収入と妻の収入で、親からの援助を抑制する効果に大きな違いはない。この理由としては、30万円以上という非日常で特別な場合の援助（たとえば大きなお祝い、住宅取得の援助、病気や災害時の援助など）では、稼ぎ手が誰でその収入がどれくらいかといったことは考慮しないで、援助するからではないか。

最後に、世話的援助については、**資料6－2と6－3**に示したとおり、妻の収入も夫の収入も、親からの世話的援助の受け取りに影響を与えなかった。世話的援助の受け取りは、これとは別の要因によって決まると考えられる（たとえば先に見た子世代の性別や、次に見る規範、ニーズ・資源、親子間の地理的距離など）。

以上の多変量解析は、親からの援助の「絶対量」に注目してその規定要因を分析した。参考としてこれに加えて、夫方／妻方バランスという援助の「相対量」を従属変数とする多変量解析も行ったが（独立変数・コントロール変数は本分析と同じ）、本分析とほぼ同様の解釈ができるような結果を得られた（大和 2017）。

4 他の変数の効果

最後に**資料6－2**と**6－3**で、コントロール変数のうち有意な効果があったものについて検討すると、ニーズ・資源要因や状況要因については、ほぼ予想通りの効果であった。つまり、親の資源が少ない場合はその親からの援助は低下し、逆に子がニーズを抱えている場合は親からの援助が多くなる。また状況要因として、親子間の地理的距離が離れていると、親からの世話的援助は少なくなる（詳しくは章末の注を参照）。

それに対して規範要因の効果は、予想とは異なっていた。予想では、伝統的規範の影響を強く受ける場合は（たとえば拡大家族の伝統がある地域や非都市部に居住していたり、夫が長男・一人っ子など跡継ぎである場合など）、親からの援助が多いと予想していた。しかしながら分析結果では、これら規範要因はどれも、親からの援助を増やす効果はなかった。

この結果から考えられることは、近年、親が成人子を援助する際は、父系（息子）優先や長子優先といった規範にとらわれず、より平等主義的に援助しているかもしれないということである。子に対する平等主義の背景として、少子化で子どもが一～二人になり平等に扱いやすくなったこと、男女平等意識の浸透で息子と娘に差をつけなくなったこと、そして公的年金・介護制度の発達により、長男など特定の子に老後を依存する必要がなくなったことなどがあると思われる（第1章を参照）。

第4節　援助をめぐる親世代と子世代のずれ

結果の要約

本章では、「親から成人子へ」という、親がイニシアティブをとる援助について分析した。その結果、前章の「成人子から親へ」という、子がイニシアティブをとる援助とは異なる結果が得られた。

第一に、性別について見ると、前章の「成人子から親へ」という、成人子がイニシアティブをとる援助においては、「夫婦の個人化」（夫は夫方親、妻は妻方親に、より多く援助する）と、「女性の親族関係維持役割」（夫方・妻方両方の親に同じように援助する人は、女性に多い）の二つの傾向が見られた。

しかし本章の「親から成人子へ」という、親がイニシアティブをとる援助においては、「夫婦の個人化」は見られず、女性が、夫方・妻方双方の親からの援助の受け手になるという「女性の親族関係維持役割」だけが見られた。

第二に、妻の収入について見ると、前章の「成人子から親へ」という、成人子がイニシアティブをとる援助においては、妻の収入が高まると、親への経済的援助において、夫方優位から妻方優位へと重心が移動するという効果があった。つまり妻の収入の高まりは、夫婦間や世代間において、妻の影響力を強めていた。

しかし本章の「親から成人子へ」という、親がイニシアティブをとる援助においては、妻の収入の高まりは親からの援助にあまり影響を与えなかった。対照的に夫の収入の高まりは、親からの援助を減らす効果があった。夫の収入の高まりは「子世帯の経済力の上昇」と見なして、親は援助を控えるのかもしれない。それに対して、妻の収入の高まりについては、親はそのようには見なさず、したがって援助を控えることはないのかもしれない。つまり妻の収入は、夫婦間（前章）に比べて、親から（本章）はそれほど重視されていない可能性がある。

世代間のずれととまどい

以上のように、子世代の性別分業が変化する中で、成人子と親は、世代関係のとらえ方がずれているといえるのではないか。つまり成人子の側では（前章）、夫は夫の親、妻は妻の親という「夫婦の個人化」や、稼ぎ手としての妻の影響力の高まりが見られた。一方、親の側では（本章）、こうしたことは見られず、子夫婦の妻に「親族関係維持役割」つまり従来型の性別分業を期待する傾向だけが見られた。

子世代の妻が、親族関係維持役割を期待されていること、そしてそれに不安を感じていることが、国際比較調査の結果からも示唆されている。**表6－2**は2015年に、日本、フランス、スウェーデン、イギリスの20～49歳の男女を対象に、内閣府が行った「平成27年度少子化社会に関する国際意識調査」（内閣府 2016）の結果である。「結婚生活に不安を感じること」として選択肢（**表6－2**を参照）からいくつでも選択するという回答のうち、各国の男・女それぞれで選択した人が多かった上位2項目を抜粋して示している（「特にない」は除く）。

日本以外の3か国では、男・女ともに「二人の相性」「二人の間で起こる問題の解決」といった自分たちのカップル関係に関する項目を選んだ人が多い。それに対して日本で多いのは、女性では「お互

表 6-2　結婚生活について不安を感じることの国際比較（複数選択）（抜粋）

		二人の相性（%）	二人の間で起こる問題の解決（%）	お互いの親族との付き合い（%）	お互いの親の介護（%）	結婚生活にかかるお金（%）	回答計（%）	総ケース数
日本	男	23.8	22.6	24.4	28.9 ②	42.0 ①	241.4	(336)
	女	19.9	24.4	39.2 ②	41.6 ①	33.5	265.3	(418)
フランス	男	40.4 ①	31.9 ②	23.4	7.9	23.7	247.4	(342)
	女	42.4 ①	34.9 ②	24.4	9.4	23.3	253.9	(373)
スウェーデン	男	29.6 ②	35.5 ①	16.5	11.5	9.5	205.3	(358)
	女	23.7 ②	35.4 ①	15.8	14.9	9.1	198.8	(342)
イギリス	男	33.9 ①	23.1 ②	17.4	6.0	26.5	202.3	(351)
	女	34.9 ①	27.2 ②	19.3	6.1	20.4	205.3	(378)

（注）内閣府（2016）をもとに作成。①は選んだ人が最も多い項目、②は２番目に多い項目（「特にない」は除く）。上記以外の項目は、「お互いの前の配偶者やパートナーとの子供への向き合い方」「雇用が安定していない」「自分の自由の制約」「子供の育て方」「子供の教育」「子供ができない可能性」「その他」「特にない」「わからない」。

いの親の介護」「お互いの親族との付き合い」である。日本の女性は、親族関係維持役割を期待され、それに不安を感じていることがこの国際比較からもうかがわれる。

ちなみに日本の男性では「結婚生活にかかるお金」が最も多いが、2番目は「お互いの親の介護」である。男性も、自分の親の介護を妻に任せることができないと考えているとすると、ここにも「息子介護」「夫婦の個人化」の兆しが表れているのかもしれない（第5章を参照）。

（子夫婦の）妻が、夫方親からの援助でもその受け手になっていることの意味について、研究会等で議論があった。仮説としては、夫方親は、（子夫婦の）妻を「単なる窓口としてとらえている」、あるいは（家族のために援助を受け取り、家族のために使うという）「従来型の主婦役割、つまり性別分業を期待している」などがありうる。しかし研究会では、「妻を〝息子のパートナー〟として認め敬意を表する」ために、妻を援助の受け手として選んでいるのではないか、というコメントをいただいた。著者も、現代の親世代の考え方として、この解釈はありそうだと考える。

この解釈に従うと、〝息子のパートナー〟として認め敬意を表するために、どの役割に重点を置いてそうしているかというと、妻の「稼ぎ手役割」ではなく、援助を受け取り家族のために使うという性別分業型の「親族関係維持役割」である。この役割に重点を置いて、息子の妻を承認・表敬する人が、親世代にはまだ多いということになる。たしかに、妻の「稼ぎ手役割」の重要性が高まっているとはいえ、「家事・育児」も主に妻が担っている。こうした中で、妻を〝息子のパートナー〟として認め敬意を表するとき、どちらの役割を中心に据えてそうしたらよいのか、親世代も戸惑っているのかもしれない。その戸惑いのために、ついつい従来型の「親族関係維持役割」つまり性別分業に基づく形で、承認と敬意を示すのかもしれない。

また別のコメントとして、「子夫婦の妻を援助の受け手にすることによって、妻と夫親との間に、特別な絆は育っていくのか、それとも妻は単なる援助の受け手に過ぎないのか」という質問をいただいた。こうした情緒的な側面については、本章のデータでは明らかにできなかった。今後の課題としたい。

以上のように親と子で世代関係のとらえ方がずれている可能性を念頭に置くことは、私的な関係を取り結んでいく場合も、公的支援を構想する場合も、重要だろう。このことについては終章で論じたい。

注

まず、親の資源については、親が高齢だと、親からの経済的・世話的援助を低下させる。ただし親の配偶関係（親が夫婦とも健在か、死別して単身かの違い）はほとんど影響がなかった。

また子世代の学歴も、親の資源として解釈できるような効果が見られた。具体的には、夫・妻それぞれの学歴が高いと、それぞれの親からの経済面・世話面での援助を増やす効果があった。この結果は、子の学歴は、親の資源の指標でもあり、子に高い教育を与えることのできる親は、親自身の資源も多いので、子への援助も多いと解釈できるかもしれない。（ただし上記の効果のほかに、夫・妻それぞれの学歴が高いと、それぞれの配偶者の親からの援助も増えるという効果も見られた。これも、高学歴の子→配偶者も高学歴→配偶者の親も資源が多い→子夫婦に多く援助できる、という関係を示しているかもしれない。しかし、より詳しい検討が必要である。）

次に、子世代のニーズとして、12歳未満の子がいることは、すべての親からの世話的援助を増やした。

子世代の資源としては、まず夫・妻それぞれの兄弟数・姉妹数が多いと、自分の親からの援助は少なくなり（これは、親が限られた資源を多くの子に分割して与えるからだろう）、逆に配偶者の親、特に夫の親からの援助は多くなるという傾向が見られた（これは、自分の親からの援助が低下するのを補うために、配偶者の親からの援助の受け取りが増えるのかもしれない）。（ただしこれと逆の効果として、夫方の兄弟姉妹が多いと、妻方の親からは経済的援助が低下する傾向もみられる。これは、夫方の兄弟姉妹からの援助が多いために、妻方の親からは援助があまり必要とされないのかもしれない。この解釈についてもより詳しい検討が必要である。）

最後に状況要因として、親との距離が遠いと、親からの経済的援助には全く影響を与えないが、世話的援助は低下する。これはどの親からの援助についてもあてはまる。距離が遠いと世話的援助は難しくなるからだと考えられる。

終章

多次元的な世代関係を紡ぐ

第1節　分析結果のまとめ

1　問いの確認

本書の大きな目的は、世代関係を多様な側面からとらえ、できる限りではあるが、その全体像に迫ることである。たとえば居住関係については、同居／別居だけでなく、別居の中でも近居／遠居を区別し、また夫方／妻方だけでなく、父／母も区別して比較した。援助においても、経済と世話の両面を見るだけでなく、成人子から親へと、親から成人子への両方向を含めて比較した。

本書では、全体を貫く問いとして、次の三つの問いを立てた。

一つめは、世代関係において「夫婦の個人化」は見られるかである。これまでの研究、たとえば同居や援助の授・受の研究は、「夫婦は一体」でそうした行為を行うという暗黙の想定があった。それに対して本研究は、「夫婦は一体」という想定をはずして、たとえば子世代の夫婦においては「夫は夫方

表－終　成人子世代における「夫婦の個人化」と「女性の親族関係維持役割」

	居住関係	援助の授・受	
		子→親 （子がイニシアティブ）	親→子 （親がイニシアティブ）
(I)夫婦の個人化（性別の効果）	なし（夫婦一体で居住）	あり「夫婦の個人化」「女性の親族関係維持役割」	なし「女性の親族関係維持役割」
(II)妻の高収入の効果	妻方の同居・近居を促進	「妻方多い」「両方同じ」を促進	なし

親との関係が優先で、妻は妻方親との関係が優先」といった「夫婦の個人化」は見られるかという問いを立てた。また親世代の夫婦についても、途中同居の増加によって、無配偶の親との同居が増えてきたことを考慮に入れ、「親夫婦は一体」の想定をはずし、父との同居と母との同居で規定要因がどう異なるかという問いを立てた。

二つめの問いは、成人子世代の性別分業の変化、たとえば妻の収入の高まりは、親・義親との関係にどのような影響を及ぼすかである。戦後日本における世代関係は、親の経済的扶養は主に男性の役割で、世話や介護は女性の役割というように、性別分業の傾向が強かった。しかし近年、男性の雇用不安定化や女性の就業継続など、成人子世代の夫婦において性別分業の変化が見られる。こうした子世代の性別分業の変化、たとえば妻の収入の高まりは、親・義親との関係にどのような影響を及ぼすかという問いを立てた。

三つめの問いは、親・義親との居住関係において、同居と近居がそれぞれ選択される要因はどう異なるかである。これまでの研究は、「夫方同居」慣行がどう変化したかという問題関心が強かったため、「同居／別居」という区別で比較することが多かった。しかし近年、同居を優遇する政策が導入される一方で、親と別居はするが、近くに住みたい（近居したい）という意識も高まっている。そこで本研究では「同居／近居／遠居」を区別し、それぞれの規定要因は何かという問いを立てた。
こうした問いに答えるために、親・義親との居住関係と、援助の授・受について分析をした。その結果をまとめよう。

2 成人子世代における「夫婦の個人化」

一つめの問いである「夫婦の個人化」について、まず成人子世代の夫婦に注目して分析結果を見ていこう（**表-終**の(I)「夫婦の個人化」を参照）。

居住関係は「夫婦一体」

本研究の対象である子世代の既婚の男・女においては、夫方・妻方とも、親と同居／近居／遠居する確率に、性別は影響を与えなかった（つまり男女で同じだった）。したがって、たとえば、夫方親との同居・近居を、男性はしやすいが女性はしにくい、といったことはなかった（妻方親についても同様）。
この結果から既婚の男女は、親・義親との居住関係の選択においては、「夫婦は一体」となって行動していると推察され、「夫婦の個人化」は見られなかった。理想の住まい方という意識の調査では、男性は夫方親、女性は妻方親、それぞれとの近居を理想とする人が多い（内閣府 2014）。しかし実際の行動においては、「子夫婦一体」で親との居住関係を選択している。

子からの援助は「個人化」、親からの援助は「妻が受け手」

援助には、子から親へ（上向き）の援助と、逆方向の、親から子へ（下向き）の援助がある。（前者の）子から親への援助は、子が与え手としてイニシアティブをとる関係であり、（後者の）親から子への援助は、親が与え手としてイニシアティブをとる関係である。そして「夫婦の個人化」の程度は、この2方向で異なっていた。

まず「子から親へ」という、成人子がイニシアティブをとる援助においては、「夫婦の個人化」（夫は夫方親により多く援助し、妻は妻方親により多く援助する）が見られた。ただしそれに加えて「女性の親族関係維持役割」（両方の親に同じように援助する人は女性により多い）も見られた。

それに対して逆方向の「親から子へ」という、親世代がイニシアティブをとる援助においては、「女性の親族関係維持役割」（夫方・妻方の両方の親から援助を受ける人は女性により多い）だけが見られ、「夫婦の個人化」（夫は夫方親から、妻は妻方親から、それぞれより多く援助を受ける）は見られなかった。

これら2方向の援助の比較から、子世代と親世代では、世代関係のあり方について（特に子世代の妻の役割・位置づけについて）、ずれがあると考えられる。子世代がイニシアティブをとる援助（上向き）では、子夫婦は「個人化」した形で（つまり、夫は夫方親を優先し、妻は妻方親を優先して）、親との関係をもつ場合がかなり見られた。それに対し、親世代がイニシアティブをとる援助（下向き）では、親は、「子夫婦は一体」で「親との関係を維持するのは妻の役割」といった「女性の親族関係維持役割」論に沿った形で関係をもつことが多かった。

3　親世代における「夫婦一体」でない同居

親世代においては、近年、子世代との同居は「親夫婦は一体」でないことも多くなっている。というのは、「途中同居」の増加によって、配偶者と死別・離別した無配偶の親が、子と同居することが多くなったからである。つまり父だけとの同居や、母だけとの同居が増えている。

では、父との同居と母との同居では、その性格がどう異なるのか。分析からは、「父を含む」同居と「母だけ」との同居で、同居の性格が異なることがわかった。前者の「父を含む」同居とは、「父だけ」との同居と「父母そろった」同居の両方が含まれる。

まず「父を含む」同居を促進するのは、拡大家族の伝統がある地域に住んでいること（夫方の場合）や、妻が正規雇用などで働いていて親からの家事の手助けなどが必要なこと（妻方の場合）である。前者のような父系規範に支えられた同居や、後者のような親が援助「する」側に立つ同居においては、親の権威は保たれやすい。

それに対して「母だけ」との同居を促進するのは、母が無配偶であるなど、母が援助「される」側に立つ場合である。こうした、親が援助される同居では、親の権威は保たれにくい。

このように親世代にとって「親夫婦は一体」でない同居が多くなる中で、「父を含む」同居と「母だけ」との同居では、親の権威の保ちやすさが異なることがわかった。「父を含む」同居など、親が権威を保ちやすい同居は、親にとって好ましいかもしれない。しかし、「母だけ」との同居など、親が権威を保ちにくい場合は、できるだけ同居は避け、近居やケア付き住宅等に住みたいという意向が、特に母親には強いことが、インタビューからうかがわれた。

4 子世代の妻・夫それぞれの収入の影響

次に二つめの問いである、子世代の妻の収入の影響について見ていこう（表-終の(II)「妻の高収入の効果」も参照）。比較のために夫の収入の影響についても述べる。この分析では、回答者の性別はコントロールしてあるので、妻あるいは夫の収入の効果は、既婚の男・女の両方にあてはまる。

妻の収入が高いと妻方同居・近居

子世代の妻の収入の高さ（たとえば正規雇用並みの収入がある）は、妻方親との同居・近居を促進する。しかし夫方親とのそれらを促進することはない。

援助――妻の役割についての世代間のずれ

妻や夫の収入は、経済的援助にのみ影響を与えた。そしてその影響のしかたは、援助の方向（つまり子から親への援助か、親から子への援助か）によって異なっていたし、妻の収入か夫の収入かによっても異なっていた。具体的に見ていこう。

まず「子から親へ」の援助、つまり子が与え手としてイニシアティブをとる援助において、妻と夫の収入の効果をまとめよう。夫の収入が高いと、父系規範どおりに「夫方親により多く援助する」傾向を強める。それに対して妻の収入が高いと、父系規範に反して「妻方親により多く援助する」と「両方の親に同じように援助する」の両傾向を強める。つまり、妻の収入の高まりは、父系規範に反して、援助の重心を妻方親に移動させる効果があった。

次に逆方向の「親から子へ」の援助、つまり親が与え手としてイニシアティブをとる関係において、妻と夫の収入の効果をまとめよう。夫（子世代）の収入については、これが高いと、親・義親から経済的援助を受ける可能性が低下する。これは親世代が、夫の収入が高いことを考慮して、援助を控えるからだと解釈できる。つまり親・義親は、夫を稼ぎ手として重視している。それに対して、妻（子世代）の収入が高くても、親・義親からの経済的援助はあまり低下しない。つまり親世代は、妻（子世代）を稼ぎ手としてはあまり重視していないといえる。むしろ妻に期待されているのは、前の分析で見られたような、女性として「親族関係を維持する役割」、つまり親・義親からの援助の受け手となり、それを子どもや夫のために使ったり分配したりすることではないか。

ここでは、親子間の援助に対する妻・夫それぞれの収入の影響をまとめた。その結果、ここでも、子世代の妻の役割・位置づけにおいて、子世代と親世代では、ずれがあることがわかった。子世代がイニシアティブをとる援助では、妻の収入が高まると援助の重心が妻方親に移動する傾向が見られた。つまり妻は、稼ぎ手として夫婦関係や世代関係に影響を与えている。それに対して親世代がイニシアティブをとる援助では、妻の収入が高くても、親・義親からの援助の受け取りはあまり低下しなかった。つまり親世代は妻を、稼ぎ手としてはあまり重視しておらず、むしろ世代間をつなぐ中心人物として期待しているといえる。

5　同居と近居の規定要因

三つめの問いである、同居と近居の規定要因の違いについてまとめよう。

まず夫方親とは、同居と近居で規定要因はほぼ同じだった。これは、夫方同居という規範があるために、同居と近居は「ほぼ同じもの」と人々はとらえており、規定要因が大きく違わないと考えられる。

それに対して、妻方親とは、同居と近居の規定要因は異なった。まず規範要因は、夫方同居規範があるために、妻方の「同居」はたしかに抑制する。しかし近居は、同居ではなく規範に抵触しないので、規範要因が妻方の「近居」を抑制することはない。次にニーズ・資源要因については、同居で対応した方がよいニーズと、近居で対応した方がよいニーズがあり、そのために影響が異なった。たとえば、育児援助ニーズは、妻方の「近居」は促進するが、同居を促進することはなかった。つまり育児援助に対しては、(同居より)「近居」で対応した方が都合がよいと人々は考えているのではないか。一方、親の世話や子世帯の低収入は、妻方の「同居」は促進するが、近居を促進することはなかった。つまり親の世話や子世帯の低収入に対しては、(近居でなく)「同居」で対応した方が都合がよいと人々は考えているのではないか。

この結果は、三世代の「同居」を促進しようとする近年の政策が、「少子化」対策として適切なのかについて、疑問を呈している。若い子育て世代は、育児のためには、親との「近居」の方が都合がよいと考えているのではないか。そして「同居」は、育児より、親の世話のために選択される住み方なのではないか。

第2節　これからの世代関係と求められる支援

1　世代関係の多次元性を認識すること

本書の目的は、世代関係を多様な側面から分析し、その全体像に迫ることだった。そのために、同居・近居、子から親への援助、親から子への援助というように、世代関係の異なる側面について順に分析していった。その中で最も印象的だったのは、世代関係の側面によって、関係のあり方が異なることだった。たとえば、同居の分析で得られた結果が、次の近居の分析では当てはまらず、また「子から親へ」の援助で得られた結果が、「親から子へ」の援助では当てはまらない、という経験の連続だった。

つまり現代の世代関係は、一つの原則（たとえば夫方優位）であらゆる側面が統一されている、といった単純なものではなく、同居、近居、子から親への援助、親から子への援助といった側面によって異なっており、まるで多様な布をつないで作られたパッチワークのようだった。

たとえば、同居・近居については、規定要因が、夫方と妻方で異なるだけでなく、同じ妻方でも同居と近居で異なっていた。人々は同居と近居を巧みに使い分けている。またひとくちに「親」といっても、「父を含む」同居と「母だけ」との同居で規定要因が異なることも印象的だった。

また、援助においては、子世代と親世代のずれが印象的だった。「子から親へ」という、子がイニシアティブをとる援助では、夫は夫方親に、妻は妻方親により多く援助するという「夫婦の個人化」が見られた。しかし逆方向の「親から子へ」という、親がイニシアティブをとる援助では「夫婦の個人化」は見られず、妻が夫方・妻方の両方の親との関係に対応する「女性の親族関係維持役割」という性別分業が見られた。

こうしたパッチワーク、あるいは多次元性が見られる理由は、世代関係において、従来型の夫方優位の傾向と、近年強まっている妻方優位の傾向を、何とか共存させようと人々が調整している結果だと考えられる。具体的には次のとおりである。

夫方優位は、戦前からの父系規範に支えられているうえに、高度成長期から強まった男性稼ぎ主型制度の影響で、夫を稼ぎ主＝一家の主人と見なす意識にも支えられている（第1章第3〜4節を参照）。

しかしその一方で、近年、関係の重心が、妻方親の方向へ移動している。たとえば同居・近居において、過去の研究ではニーズ・資源要因も夫方の同居・近居のみを促進したが、本研究では妻方のそれらも促進している。つまり人々は必要があれば、妻方親との同居・近居を選択するようになったのである。また援助においても、「夫婦の個人化」は、「夫婦とも夫方優位」から「夫は夫方優位だが、妻は妻方優位」というように、重心が妻方に移動することを意味する。さらに妻の収入の高まりは、（男女ともに）親への援助で「夫方多い」より、「妻方多い」や「両方同じ」を増やす効果があり、これも重心が妻方に移動することを意味する。

このように妻方優位が強まる要因としては、男女平等意識の浸透、年金制度の発達により親にとって介護を頼りやすい娘が重要度を増していること、また娘にとっても家事・育児を頼りやすいのは自分（妻方）の親であることなどがあげられる。

こうした「夫方優位と妻方優位を、共存させるための調整」は、子世代のきょうだい数が少なくなっていることにより(たとえば夫・妻ともに一人っ子である場合など)、より切実になっている(第1章を参照)。その結果として、世代関係の側面によって、夫方優位、妻方優位、両方同じ等々、より適合的な関係が選択されている。夫は夫方優位、妻は妻方優位といった「夫婦の個人化」も、そうした調整の一つの方策といえるのではないか。

さらにどの側面でのどのような関係を適合的と感じるかは、世代により、ジェンダーにより、またそれ以外のさまざまな要因により異なるだろう。

したがって世代関係の多次元性(側面によって、また人によって関係のあり方が異なる可能性)を、当事者たちが認識しつつ関係を築いていくことが重要かもしれない。

2 求められる支援

世代関係における多次元性の認識は、当事者だけでなく、政策立案者にも必要かもしれない。いくつか例をあげたい。

まず、居住関係の分析からわかったこととして、第一に、育児援助が必要な人は、親との同居ではなく「近居」を選択していた(特に妻方親との近居)。したがって少子化対策として「同居」のみに重点を置く政策は見直す必要があろう。

第二に、「同居」は、親の世話が必要な場合や、成人子が低収入の場合に選択されていた(夫方・妻方の両方で)。この事実は人々が、親の世話や成人子の家計の厳しさに対して、世代間の「同居」という形で、つまり私的に、なんとか解決しようとしていることを示している。ただし「同居」の中には、親が権威を保ちやすい同居もあるが、保ちにくい同居もある。特に後者は、父権という文化的バックボーンがない「母だけ」との同居で多く、母親にとって不本意な暮らし方である可能性もある。

したがって、人々が同居を望む場合は、その公的な優遇策は効果的である。

一方、別居を望む場合は、親と子それぞれが自立した生活を営める政策も必要である。たとえば、現役世代に対しては、所得保障や住宅支援などが必要だろう（親からの経済的援助に頼らず生活できるようにするため）。高齢者に対しては、公的介護サービスなど高齢になってからの支援は重要だが、それだけでなく、若い時期から雇用継続を支援し、それによって高齢期に十分な年金が得られ経済的自立ができるようにする政策も重要である。つまり世代間の、相互依存だけでなく、相互の自立も可能なように、長期にわたるライフスパンを視野に入れた政策が必要である。

次に、援助の分析からわかったこととして、「子から親へ」の援助、特に世話的援助で、「夫婦の個人化」（夫は夫方親により多く、妻は妻方親により多く援助する傾向）が見られた。したがって「息子介護」に見られるように男性は、たとえ妻がいても、自分の親への世話的援助は、自分が中心になって行わなければならないかもしれない。その場合には、仕事との両立が課題となる。「平成24年就業構造基本調査」によると、過去1年以内に介護・看護のために離職した人は10万1千人であり、8割は女性だが、男性も2割を占める（総務省統計局 2013）。

また女性の場合は、「妻方親により多く援助する」人だけでなく、「夫方・妻方の両方の親に援助する」人も男性より多い。さらに女性は、親からの援助でも、夫方・妻方両方の親からの援助の受け手であり「親族関係維持」の責任を多く負っている。そしてそれを不安に思っている（内閣府 2016）。したがって、自分の仕事と、親の介護や親族関係維持役割の両立を支援する政策は、男女の両方に必要である。

第3節　今後の調査・分析のための方法論的な示唆

本研究は、「夫婦は一体」という想定をはずして、親・義親との関係を男・女で比較した。その結果、世代関係の中でも、この想定があてはまる側面と、当てはまらない側面があった。最後にそれを整理しておきたい。

居住形態について

まず子世代の夫婦では、親・義親との同居・近居において「夫婦の個人化」は見られなかった。このことから、居住関係においては「子夫婦は一体」という想定があてはまるといえる。したがって親との居住関係の分析においては、少なくとも今のところは、子世代の男性のみ、あるいは女性のみを対象とした分析でも、男女両方を対象とした分析と、ほぼ同じような結果が得られると考えられる。

一方、親夫婦に関しては、「父を含む」同居と「母だけ」との同居で規定要因が異なっていた（夫方・妻方のどちらにおいても）。したがって親夫婦については、「親夫婦は一体」という想定は当てはまらず、特に親が無配偶の場合は、父との同居と母との同居で規定要因が異なるという可能性を、考慮に入れることが必要である。今後は、夫方親と妻方親の区別だけでなく、父と母の区別や配偶関係も考慮に入れて、居住関係を調査・分析することが必要である。

援助の授・受における、子夫婦の扱いについて

まず、「子から親へ」という、子がイニシアティブをとる援助においては、子世代で「夫婦の個人化」が見られた。つまり「夫婦は一体」という想定は当てはまらない。したがって、子が与え手の援助については、子世代の男・女で比較してみることが必要である。

一方、「親から子へ」という、親がイニシアティブをとる援助においては、子世代で「夫婦の個人化」は見られず、「女性の親族関係維持役割」だけが見られた。この結果から「夫方・妻方を問わず、親から援助を受けるのは妻」という想定は、今のところあてはまる場合が多いと考えられる。

ただし今後、社会変動にともなって、「親から子へ」の援助においても、「子夫婦の個人化」(夫は夫の親からより多く援助を受け、妻は妻の親からより多く援助を受ける)が進む可能性もある。それを念頭に置いておくことは必要だろう。

あとがき

世代関係、特に「既婚子と親・義親との関係」を研究テーマの一つにすることに決めたのは、2009年頃だったようだ（そうとわかるのは、このテーマについて文献レビューをして、それを論文（大和2010）にまとめているからである）。

その後、統計的分析にも着手して学会などで発表していたが、体調を崩して、一年ほど研究活動を休ませていただいた。その時には多くの方々にご迷惑をおかけしたが、どの方も温かく見守ってくださった。ここで一人ひとりお名前をあげてお礼を言うことはできないが、心から感謝している。

元気になれるのか不安な毎日だったが、それまでの生活から「はずれた」ような時間や自分を経験できたこと（たとえば毎週、電車で都心の病院に通い、一時間はかかる待ち時間を診察室前のソファーで過ごすこと）は、今考えると、貴重なことだった。その後、少しずつ研究活動を再開し、本書の分析や執筆もできるようになり、やっと一冊の本にまとめることができた。

本研究は、共同研究ではないため、分析・執筆などは孤独な作業だった。その中で、研究会や学会で報告し、そこでさまざまな視点からのコメントをいただいたり意見交換できたことは、私の視野を広げ、考察を深め、そして孤独を癒して研究を続けていく大きな力になった。

釜野さおり先生（国立社会保障・人口問題研究所）には、本研究の一部について研究会で発表させていただき、参加者の方々とディスカッションする貴重な機会とヒントをいただいた。

学会での報告（Yamato 2011；2012；2014；2015b；2016）においても、親族関係について異なる文化的背景をもつ研究者から質問やコメントをいただいた。その中で、親・義親との関係について、文化的異質性とともに、共通の悩みなども多くあることに気づくことができ、自分なりに研究の意義を再確認できた。

学文社の落合絵理さんは、初稿に目を通し、多くの貴重なコメントや疑問を提示してくださった。統計的分析を中心とする本書で、人々の〝思い〟のようなものを多少とも示せたとすれば、それはすべて落合さんのおかげである。

また関西大学社会学部では、本書の元となった分析を用いて、家族社会学の授業を行った。その際には学生が、自分と父母の世代関係や、父母と祖父母（父方と母方の双方）の世代関係について、経験に基づくとても面白いコメントをよせてくれた。これらも本書での考察やデータの解釈に、多くのヒントを与えてくれた。

これらの方々に、心から感謝を申し上げます。ありがとうございました。

本書では、日本家族社会学会全国家族調査委員会によって行われた「第3回全国家族調査（NFRJ08）」のデータを、許可を得て使用した。

本書の研究は、平成22－24年度科学研究費補助金（基盤研究（C）#22530588）『現代日本における高齢者－成人子関係についての実証的分析と理論枠組みの構築』と、平成25－27年度科学研究費補助金（基盤研究（C）#25380721）『グローバル化・少子化時代の親ー成人子関係についての実証的研究』によって行うことができた。また第4章で引用したインタビュー調査は、平成19ー21年度科学研究費補助金（基盤研究（C）#19530481）『インタビュー調査による世代間の財・サービスの公的移転と私的移転に関する研究』で行った調査のデータを用いた。この調査の計画と実施は、新道由記子先生と岩渕亜希子先生と共同で行った。事務的作業に当たっては、関西大学研究支援課の方々に多くの助けやアドヴァイスをいただいた。

記して深く感謝いたします。

２０１７年7月

大和　礼子

資　料

資料序　インタビュー対象者のプロフィール

対象者	夫			妻			同居家族形態	別居の子どもと孫
	年齢	現職	現役時代の主な職業	年齢	現職	結婚後の主な職業		
夫	60歳代後半	なし	会社員→自営	60歳代前半	会社員	40歳代から会社員	夫婦	・長女（未婚） ・長男（既婚）
夫	70歳代前半	なし	会社員→自営	70歳代前半	なし	40歳代から会社員→無職	夫婦	・長男（既婚） ・長女（既婚）
夫	70歳代後半	なし	公務員	60歳代後半	なし	なし	夫婦	息子（既婚、子1人）
夫	70歳代前半	なし	会社員	60歳代後半	なし	なし	夫婦	・長男（既婚、子3人） ・次男（既婚）
夫	60歳代後半	なし	会社員	60歳代前半	なし	なし	夫婦	・長男（未婚） ・次男（未婚）
夫	70歳代後半	なし	会社員	70歳代前半	なし	パート	夫婦	息子（既婚、子2人）
夫	60歳代前半	なし	団体職員	60歳代前半	有職（詳細は不明）	有職（詳細は不明）	夫婦 長男（未婚） 長女（未婚）	次男（未婚）
夫	60歳代前半	なし	会社員	50歳代後半	なし	30歳代から会社員	夫婦 次女（未婚）	長女（既婚、子2人）
夫	70歳代後半	なし	会社員	70歳代前半	なし	学卒から公務員	夫婦 孫（長女の長男）	長女（既婚、子2人） 次女（既婚、子2人）
夫	60歳代前半	なし	会社員	50歳代後半	会社員	派遣社員→会社員	夫婦	なし
妻	70歳代前半	なし	会社員	70歳代前半	なし	40歳代から断続的にパート	夫婦	息子（既婚、子1人）
妻	死別	—	自営（専門職）	60歳代前半	家族従業員（パート勤務）	公務員→無職→家族従業員	単身	・長男（既婚） ・次男（既婚）
妻	死別	—	自営（専門職）	70歳代後半	なし	公務員→自営→家族従業員	単身	・長男（既婚、子3人） ・次男（既婚、子1人） ・三男（既婚、子2人）
妻	60歳代後半	なし	会社員	60歳代前半	パート	50歳代からパート	夫婦	・長男（未婚） ・次男（既婚、子1人）

（資料序つづき）

対象者	夫			妻			同居家族形態	別居の子どもと孫
	年齢	現職	現役時代の主な職業	年齢	現職	結婚後の主な職業		
妻	離別	自営	自営	60歳代前半	会社員	50歳代からパート→会社員	単身	・長男（既婚、子1人） ・長女（未婚）
妻	70歳代前半	なし	会社員→自営	70歳代前半	なし	40歳代から会社員→無職	夫婦	・長男（単身） ・長女（既婚）
妻	死別	—	会社員	60歳代後半	なし	30歳代からパート	本人 次女（既婚） 次女の夫 孫2人	長女（既婚、子1人）
妻	離別	なし	会社員	60歳代前半	パート	40歳代からパート→無職→60歳からパート	単身	・長男（既婚、子2人） ・長女（既婚、子2人）
妻	60歳代後半	パート	会社員	60歳代前半	パート	育児後会社員→パート	夫婦	・長男（既婚、子3人） ・次男（既婚、子3人） ・三男（既婚、無職、子1人）
女性	—	—	—	60歳代前半	なし	会社員	単身	なし

資料3　親との同居・近居の規定要因（夫方親・妻方親別）

		夫方親				妻方親			
		同居		近居（30分内）		同居		近居（30分内）	
		B	(*SE*)	*B*	(*SE*)	*B*	(*SE*)	*B*	(*SE*)
回答者（成人子）が女性		-.146	(.161)	-.078	(.131)	.094	(.210)	.029	(.113)
夫の年齢	50～59歳［基準］	-	-	-	-	-	-	-	-
	20～39歳	.050	(.394)	.440	(.313)	.421	(.419)	.119	(.230)
	40～49歳	-.306	(.245)	-.011	(.211)	.574†	(.304)	-.032	(.171)
居住地の人口規模	非人口集中地区	.663**	(.185)	.377*	(.158)	-.234	(.236)	.149	(.129)
居住地の伝統	核家族地域［基準］	-	-	-	-	-	-	-	-
	拡大家族地域	.705**	(.237)	.585**	(.196)	.728*	(.289)	.408*	(.163)
	その他の地域	.579**	(.192)	.538**	(.150)	.493*	(.250)	.435**	(.130)
夫が跡継ぎ		1.997**	(.200)	.370**	(.140)	-1.288**	(.213)	-.081	(.117)
妻が跡継ぎ		-.282	(.209)	.137	(.158)	1.539**	(.220)	.214	(.145)
夫が自営業		.799**	(.255)	.535*	(.223)	-1.031*	(.410)	.216	(.173)
夫が高等教育修了		-.354†	(.183)	-.283†	(.148)	-.304	(.240)	-.296*	(.125)
妻が高等教育修了		-.398*	(.182)	-.149	(.146)	-.178	(.238)	-.284*	(.127)
親の年齢	64歳以下［基準］	-	-	-	-	-	-	-	-
（健在または年長の親）	65～74歳	.769*	(.333)	.372	(.226)	.083	(.329)	-.094	(.172)
	75歳以上	1.189**	(.402)	.713*	(.300)	-.280	(.407)	-.400†	(.219)
親が無配偶		.251	(.175)	-.055	(.146)	.715*	(.224)	.158	(.126)
成人子の末子年齢	子どもなし［基準］	-	-	-	-	-	-	-	-
	12歳以下	-.479	(.337)	.237	(.248)	-.311	(.364)	.894**	(.228)
	13歳以上	-.496	(.355)	.043	(.281)	-.385	(.402)	.728**	(.253)
成人子が持ち家一戸建て		3.803**	(.435)	.954**	(.152)	2.669**	(.446)	.429**	(.135)
夫の年収	800万円以上［基準］	-	-	-	-	-	-	-	-
	300万円未満	1.572**	(.324)	1.148**	(.263)	.762*	(.372)	.074	(.212)
	300～499万円	.956**	(.256)	.777**	(.207)	.304	(.329)	.183	(.177)
	500～799万円未満	.768**	(.229)	.472*	(.185)	-.156	(.310)	.032	(.163)
妻の年収	なし［基準］	-	-	-	-	-	-	-	-
	100万円未満	.171	(.228)	-.045	(.176)	-.289	(.304)	.097	(.152)
	100～199万円	.086	(.260)	.009	(.211)	.215	(.327)	.275	(.178)
	200万円以上	-.031	(.241)	-.072	(.185)	.740*	(.288)	.531**	(.163)
定数		-6.605**	(.760)	-2.471**	(.495)	-4.497**	(.774)	-1.620**	(.387)
	N	1489				1595			
	-2対数尤度	2548.131				2557.600			
	カイ2乗	627.934**				317.772**			
	Nagelkerke R^2	.389				.215			

** <.01, * <.05, † <.1

資料 4-1 親との同居の規定要因
（夫方の父・母、妻方の父・母別）（主効果のみ）

		夫方				妻方			
		父と		母と		父と		母と	
		B	(*SE*)	*B*	(*SE*)	*B*	(*SE*)	*B*	(*SE*)
回答者（成人子）が女性		-.172	(.177)	-.040	(.147)	.258	(.277)	.044	(.211)
夫の年齢	50～59歳［基準］	-	-	-	-	-	-	-	-
	20～39歳	-.282	(.412)	-.249	(.368)	.309	(.522)	.307	(.423)
	40～49歳	-.358	(.283)	-.337	(.229)	.463	(.405)	.465	(.313)
居住地の人口規模	非人口集中地区	.486*	(.194)	.488**	(.163)	-.541	(.305)	-.234	(.238)
居住地の伝統	核家族地域［基準］	-	-	-	-	-	-	-	-
	拡大家族地域	.734**	(.256)	.301	(.215)	.876*	(.369)	.524	(.293)
	その他の地域	.410	(.220)	.232	(.178)	.269	(.330)	.282	(.257)
夫が跡継ぎ		1.787**	(.237)	1.672**	(.186)	-1.268**	(.271)	-1.268**	(.213)
妻が跡継ぎ		-.370	(.225)	-.265	(.190)	1.777**	(.278)	1.282**	(.216)
夫が自営業		.546*	(.260)	.386	(.210)	-1.255*	(.519)	-1.148**	(.425)
夫が高等教育修了		-.146	(.207)	-.227	(.168)	-.389	(.316)	-.132	(.244)
妻が高等教育修了		-.192	(.207)	-.273	(.168)	.341	(.303)	-.028	(.239)
当該の親の年齢	64歳以下［基準］	-	-	-	-	-	-	-	-
	65～74歳	.502	(.331)	.401	(.297)	.036	(.389)	.075	(.315)
	75歳以上	.560	(.409)	.612	(.359)	-.231	(.511)	-.351	(.429)
当該の親が無配偶		.353	(.267)	.261	(.164)	.887*	(.400)	.726**	(.238)
成人子の末子年齢	子どもなし［基準］	-	-	-	-	-	-	-	-
	12歳以下	-.690	(.398)	-.577	(.303)	-.723	(.436)	-.605	(.376)
	13歳以上	-.446	(.432)	-.558	(.318)	-.514	(.496)	-.591	(.422)
成人子が持ち家一戸建て		4.806**	(1.012)	3.224**	(.428)	3.956**	(1.025)	2.395**	(.445)
夫の年収	800万円以上［基準］	-	-	-	-	-	-	-	-
	300万円未満	.938**	(.344)	.867**	(.286)	.989*	(.496)	.867*	(.386)
	300～499万円	.377	(.299)	.581*	(.241)	.003	(.452)	.324	(.350)
	500～799万円未満	.428	(.262)	.702**	(.223)	-.142	(.413)	-.056	(.333)
妻の年収	なし［基準］	-	-	-	-	-	-	-	-
	100万円未満	.143	(.249)	.159	(.213)	.105	(.394)	-.382	(.318)
	100～199万円	.059	(.281)	.149	(.235)	.349	(.447)	.088	(.334)
	200万円以上	-.266	(.267)	.074	(.221)	.826*	(.381)	.561	(.293)
定数		-7.370**	(1.220)	-5.755**	(.693)	-6.519**	(1.310)	-4.459**	(.764)
	N	1044		1395		1168		1491	
	カイ2乗	329.235**		409.271**		162.430**		175.775**	
	Nagelkerke R^2	.411		.377		.333		.255	

** <.01, * <.05

資料 4-2　親との同居の規定要因
（夫方の父・母、妻方の父・母別）（交互作用効果を含む）

		夫方				妻方			
		父と		母と		父と		母と	
		B	(*SE*)	*B*	(*SE*)	*B*	(*SE*)	*B*	(*SE*)
回答者（成人子）が女性		-.165	(.178)	-.042	(.147)	.253	(.277)	.057	(.212)
夫の年齢	50 ～ 59 歳［基準］	-	-	-	-	-	-	-	-
	20~39歳	-.286	(.413)	-.184	(.371)	.309	(.525)	.348	(.426)
	40~49歳	-.351	(.284)	-.319	(.231)	.463	(.406)	.487	(.318)
居住地の人口規模	非人口集中地区	.486*	(.194)	.506**	(.164)	-.539	(.306)	-.225	(.239)
居住地の伝統	核家族地域[基準]	-	-	-	-	-	-	-	-
	拡大家族地域	.779**	(.277)	.772**	(.269)	.835*	(.371)	.507	(.294)
	その他の地域	.443	(.236)	.412	(.228)	.286	(.332)	.277	(.257)
夫が跡継ぎ		1.781**	(.237)	1.697**	(.187)	-1.309**	(.275)	-1.264**	(.215)
妻が跡継ぎ		-.369	(.225)	-.271	(.191)	1.740**	(.279)	1.284**	(.217)
夫が自営業		.551*	(.260)	.396	(.212)	-1.254*	(.524)	-1.189**	(.427)
夫が高等教育修了		-.145	(.207)	-.210	(.169)	-.405	(.317)	-.139	(.245)
妻が高等教育修了		-.188	(.207)	-.278	(.169)	.342	(.302)	.008	(.241)
当該親の年齢	64歳以下[基準]	-	-	-	-	-	-	-	-
	65~74歳	.500	(.331)	.460	(.301)	.024	(.391)	.059	(.316)
	75歳以上	.558	(.411)	.701	(.363)	-.214	(.515)	-.358	(.431)
当該親が無配偶		.507	(.434)	.710**	(.265)	1.129	(.659)	1.525**	(.478)
成人子の末子年齢	子なし[基準]	-	-	-	-	-	-	-	-
	12歳以下	-.692	(.398)	-.587	(.305)	-.708	(.441)	-.571	(.377)
	13歳以上	-.451	(.432)	-.575	(.318)	-.547	(.503)	-.547	(.424)
成人子が持ち家一戸建て		4.806**	(1.012)	3.235**	(.428)	3.981**	(1.027)	2.420**	(.446)
夫の年収	800万円以上[基準]	-	-	-	-	-	-	-	-
	300万円未満	.939**	(.345)	.888**	(.288)	.963	(.498)	.924*	(.391)
	300~499万円	.387	(.301)	.584*	(.242)	-.025	(.454)	.367	(.353)
	500~799万円未満	.436	(.263)	.728**	(.224)	-.166	(.414)	-.031	(.335)
妻の年収	なし[基準]	-	-	-	-	-	-	-	-
	100万円未満	.130	(.251)	.156	(.214)	.095	(.450)	.028	(.419)
	100~199万円	.049	(.282)	.162	(.235)	.436	(.500)	.365	(.457)
	200万円以上	-.277	(.268)	.074	(.222)	1.000**	(.429)	1.029**	(.389)
当該親が無配偶	×核家族地域[基準]	-	-	-	-				
	×拡大家族地域	-.279	(.665)	-1.209**	(.407)				
	×その他の地域	-.216	(.610)	-.404	(.348)				
当該親が無配偶	×妻の年収なし[基準]					-	-	-	-
	×100万円未満					.334	(.963)	-1.013	(.655)
	×100~199万円					-.323	(1.152)	-.678	(.666)
	×200万円以上					-1.089	(1.038)	-1.140*	(.572)
定数		-7.392**	(1.222)	-6.083**	(.714)	-6.547**	(1.325)	-4.906**	(.808)
	N	1044		1395		1168		1491	
	カイ２乗	329.444**		418.251**		164.424**		180.076**	
	Nagelkerke R^2	.411		.384		.366		.261	

** <.01, * <.05

資料 5-1　親への援助：分析に用いた変数の記述統計
（父・母それぞれへの経済的援助・世話的援助別）

	経済的援助		世話的援助	
	①父へ	②母へ	③父へ	④母へ
	平均値(標準偏差)	平均値(標準偏差)	平均値(標準偏差)	平均値(標準偏差)
被説明変数				
両方なし[基準]	- -	- -	- -	- -
両方同じ	.059 (.236)	.075 (.263)	.074 (.262)	.131 (.337)
妻方多い	.070 (.255)	.020 (.140)	.155 (.362)	.160 (.367)
夫方多い	.088 (.283)	.148 (.356)	.140 (.348)	.173 (.378)
説明変数				
回答者(成人子)が女性	.520 (.500)	.517 (.500)	.520 (.500)	.531 (.499)
年収(単位:¥100万)(妻)	1.392 (1.937)	1.384 (1.943)	1.390 (1.940)	1.416 (2.005)
(夫)	5.987 (2.560)	6.068 (2.714)	5.978 (2.567)	6.097 (2.719)
コントロール変数				
非人口集中地区	.285 (.452)	.275 (.447)	.286 (.452)	.275 (.447)
核家族地域[基準]	- -	- -	- -	- -
拡大家族地域	.149 (.356)	.151 (.358)	.147 (.355)	.146 (.353)
その他の地域	.385 (.487)	.381 (.486)	.385 (.487)	.378 (.485)
教育年数(夫)	14.211 (2.196)	14.108 (2.256)	14.212 (2.197)	14.137 (2.262)
(妻)	13.448 (1.757)	13.363 (1.774)	13.450 (1.755)	13.351 (1.780)
当該の親の年齢(夫方の親)	70.091 (8.371)	69.712 (8.678)	70.059 (8.395)	69.738 (8.726)
(妻方の親)	68.819 (8.087)	68.210 (8.638)	68.809 (8.108)	68.249 (8.630)
当該の親が無配偶(夫方の親)	.072 (.258)	.282 (.450)	.072 (.259)	.284 (.451)
(妻方の親)	.077 (.267)	.226 (.418)	.077 (.267)	.241 (.428)
12歳未満の孫あり	.652 (.477)	.575 (.495)	.655 (.476)	.575 (.495)
兄弟数(夫) 0人[基準]	- -	- -	- -	- -
1人	.444 (.497)	.457 (.498)	.446 (.498)	.460 (.499)
2人以上	.136 (.343)	.142 (.349)	.135 (.342)	.141 (.348)
(妻) 0人[基準]	- -	- -	- -	- -
1人	.495 (.500)	.475 (.500)	.493 (.500)	.480 (.500)
2人以上	.111 (.315)	.128 (.335)	.112 (.315)	.127 (.333)
姉妹数(夫) 0人[基準]	- -	- -	- -	- -)
1人	.464 (.499)	.441 (.497)	.462 (.499)	.439 (.497)
2人以上	.109 (.312)	.138 (.345)	.110 (.313)	.136 (.343)
(妻) 0人[基準]	- -	- -	- -	- -
1人	.430 (.496)	.441 (.497)	.430 (.496)	.435 (.496)
2人以上	.131 (.338)	.128 (.335)	.131 (.338)	.136 (.343)
当該の親との距離(夫方の親)	6.752 (6.308)	6.770 (6.361)	6.786 (6.308)	6.800 (6.355)
(単位:10分) (妻方の親)	6.647 (6.006)	6.784 (6.117)	6.654 (6.016)	6.865 (6.159)
N (ケース数)	558	749	556	804

資料 5-2　既婚子から親への経済的援助の規定要因（父への援助・母への援助別）

①父への経済的援助

[基準：両方なし N=437]	夫方多い		妻方多い		両方同じ	
	B	(SE)	B	(SE)	B	(SE)
回答者（成人子）が女性	-.504	(.329)	.652 †	(.366)	.430	(.405)
年収（単位：¥100 万）（妻）	.080	(.081)	.165 †	(.086)	.275**	(.085)
（夫）	.067	(.073)	-.093	(.084)	.009	(.088)
非人口集中地区	.143	(.367)	.011	(.421)	-.226	(.500)
核家族地域 [基準]	-	-	-	-	-	-
拡大家族地域	.664	(.478)	.185	(.516)	.353	(.627)
その他の地域	.566	(.380)	-.153	(.407)	.017	(.457)
教育年数 （夫）	-.199*	(.093)	-.038	(.099)	.197 †	(.116)
（妻）	.283**	(.106)	.091	(.119)	.066	(.127)
親の年齢 （夫の父）	.052 †	(.028)	-.008	(.032)	-.018	(.038)
（妻の父）	-.038	(.029)	-.012	(.033)	-.002	(.039)
親が無配偶（夫の父）	-1.534	(1.048)	-.519	(.795)	-.994	(1.093)
（妻の父）	.462	(.528)	.177	(.685)	-.296	(.856)
12 歳未満の孫あり	.283	(.398)	-.200	(.419)	-.200	(.459)
兄弟数（夫）0 人 [基準]	-	-	-	-	-	-
1 人	.122	(.402)	.004	(.445)	.521	(.526)
2 人以上	.485	(.517)	.392	(.612)	1.571*	(.642)
（妻）0 人 [基準]	-	-	-	-	-	-
1 人	-.183	(.402)	-.508	(.417)	-.304	(.455)
2 人以上	.017	(.575)	.015	(.613)	-.299	(.883)
姉妹数（夫）0 人 [基準]	-	-	-	-	-	-
1 人	-.045	(.372)	.329	(.447)	.365	(.462)
2 人以上	-.003	(.612)	.452	(.644)	-.726	(1.158)
（妻）0 人 [基準]	-	-	-	-	-	-
1 人	-.599	(.413)	.385	(.436)	1.283*	(.553)
2 人以上	.326	(.485)	.242	(.596)	1.227 †	(.693)
親との距離　（夫の父）	.004	(.029)	-.033	(.034)	-.063 †	(.036)
（単位：10 分）（妻の父）	-.016	(.030)	-.015	(.032)	-.009	(.034)
切片	-4.986*	(2.327)	-1.648	(2.519)	-6.475*	(2.757)
N	49		39		33	
カイ 2 乗	91.880*					
Nagelkerke R^2	.195					

** <.01, * <.05, † <.1

（資料 5-2 つづき）

②母への経済的援助

［基準：両方なし *N*=567］	夫方多い		妻方多い		両方同じ	
	B	(*SE*)	*B*	(*SE*)	*B*	(*SE*)
回答者（成人子）が女性	-.366†	(.219)	.799	(.657)	.641*	(.308)
年収（単位：¥100 万）（妻）	.028	(.058)	.474**	(.112)	.171**	(.066)
（夫）	.152**	(.046)	.152	(.126)	.035	(.064)
非人口集中地区	-.041	(.261)	-.438	(.794)	.264	(.361)
核家族地域［基準］	-	-	-	-	-	-
拡大家族地域	.281	(.330)	.388	(.801)	-.434	(.513)
その他の地域	.276	(.249)	-.412	(.755)	-.188	(.340)
教育年数（夫）	-.170**	(.060)	.166	(.160)	-.041	(.081)
（妻）	.135†	(.073)	-.470*	(.212)	.146	(.096)
親の年齢（夫の母）	.023	(.021)	.020	(.054)	.011	(.028)
（妻の母）	.004	(.020)	-.031	(.053)	-.017	(.029)
親が無配偶（夫の母）	.468†	(.246)	-.316	(.763)	.074	(.372)
（妻の母）	.351	(.266)	1.032	(.787)	-.372	(.425)
12 歳未満の孫あり	.475†	(.279)	.136	(.738)	.096	(.355)
兄弟数（夫）0 人［基準］	-	-	-	-	-	-
1 人	-.279	(.265)	-.125	(.713)	.293	(.381)
2 人以上	-.246	(.379)	-.008	(1.001)	.979*	(.468)
（妻）0 人［基準］	-	-	-	-	-	-
1 人	.059	(.268)	.090	(.795)	-.125	(.343)
2 人以上	.173	(.367)	.959	(.968)	-.861	(.679)
姉妹数（夫）0 人［基準］	-	-	-	-	-	-
1 人	-.086	(.261)	.457	(.789)	-.019	(.335)
2 人以上	-.249	(.376)	1.545	(.975)	-1.354†	(.795)
（妻）0 人［基準］	-	-	-	-	-	-
1 人	-.393	(.263)	.166	(.743)	.336	(.367)
2 人以上	-.077	(.367)	-.490	(1.312)	.503	(.491)
親との距離（夫の母）	-.009	(.019)	.083†	(.049)	-.011	(.025)
（単位：10 分）（妻の母）	-.003	(.019)	-.159*	(.077)	-.005	(.026)
切片	-4.009*	(1.638)	-2.380	(4.783)	-4.352*	(2.047)
N	111		15		56	
カイ 2 乗	124.139**					
Nagelkerke R^2	.195					

** <.01, * <.05, † <.1

資料 5-3　既婚子から親への世話的援助の規定要因（父への援助・母への援助別）

③父への世話的援助

[基準：両方なし N=351]	夫方多い		妻方多い		両方同じ	
	B	(*SE*)	*B*	(*SE*)	*B*	(*SE*)
回答者（成人子）が女性	-.950**	(.302)	1.255**	(.289)	.966*	(.380)
年収（単位：¥100 万）（妻）	-.037	(.081)	-.032	(.068)	-.065	(.102)
（夫）	-.007	(.065)	-.066	(.059)	-.084	(.080)
非人口集中地区	.259	(.324)	.298	(.318)	.608	(.412)
核家族地域［基準］	-	-	-	-	-	-
拡大家族地域	1.255**	(.398)	-.521	(.465)	.786	(.505)
その他の地域	.294	(.346)	-.429	(.306)	-.480	(.444)
教育年数（夫）	-.006	(.079)	-.097	(.077)	.245*	(.108)
（妻）	-.024	(.096)	.168†	(.089)	-.087	(.123)
親の年齢（夫の父）	.076**	(.026)	-.037	(.024)	.038	(.034)
（妻の父）	-.009	(.026)	.070**	(.025)	.044	(.034)
親が無配偶（夫の父）	1.119*	(.469)	.422	(.500)	.614	(.602)
（妻の父）	-.380	(.587)	.669	(.458)	.423	(.564)
12 歳未満の孫あり	.113	(.365)	-.652*	(.314)	.084	(.457)
兄弟数（夫）0 人［基準］	-	-	-	-	-	-
1 人	.287	(.349)	.326	(.332)	-.283	(.464)
2 人以上	-.174	(.511)	-.239	(.491)	-.527	(.668)
（妻）0 人［基準］	-	-	-	-	-	-
1 人	.256	(.351)	-.226	(.320)	-.420	(.440)
2 人以上	.845	(.516)	.874†	(.449)	.595	(.606)
姉妹数（夫）0 人［基準］	-	-	-	-	-	-
1 人	.471	(.348)	-.147	(.313)	-.374	(.459)
2 人以上	.738	(.491)	-.342	(.543)	.138	(.637)
（妻）0 人［基準］	-	-	-	-	-	-
1 人	.109	(.344)	.116	(.324)	-.389	(.450)
2 人以上	.862†	(.461)	.241	(.459)	.530	(.577)
親との距離（夫の父）	-.115**	(.031)	.020	(.023)	-.043	(.035)
（単位：10 分）（妻の父）	.076**	(.025)	-.056*	(.025)	-.055	(.038)
切片	-6.787**	(2.247)	-4.300*	(1.846)	-9.390**	(2.824)
N	78		86		41	
カイ 2 乗	189.966**					
Nagelkerke R^2	.330					

** <.01, * <.05, † <.1

（資料 5-3 つづき）

④母への世話的援助

［基準：両方なし N=431］	夫方多い		妻方多い		両方同じ	
	B	(SE)	B	(SE)	B	(SE)
回答者（成人子）が女性	-.274	(.212)	1.606**	(.246)	1.622**	(.267)
年収（単位：¥100 万）（妻）	-.054	(.059)	-.009	(.056)	.013	(.057)
（夫）	.004	(.044)	-.035	(.047)	-.035	(.049)
非人口集中地区	.646**	(.239)	.450 †	(.256)	.330	(.282)
核家族地域［基準］	-	-	-	-	-	-
拡大家族地域	.323	(.310)	-.323	(.370)	.152	(.356)
その他の地域	.125	(.244)	.169	(.243)	-.197	(.274)
教育年数（夫）	.037	(.056)	-.017	(.059)	.132*	(.066)
（妻）	.015	(.070)	-.011	(.076)	.137 †	(.079)
親の年齢（夫の母）	.038 †	(.020)	-.048*	(.021)	-.001	(.022)
（妻の母）	-.003	(.020)	.045*	(.021)	.009	(.023)
親が無配偶（夫の母）	.247	(.244)	-.319	(.277)	.370	(.274)
（妻の母）	-.126	(.265)	.454 †	(.274)	.453	(.289)
12 歳未満の孫あり	.160	(.269)	-.331	(.265)	.152	(.296)
兄弟数（夫）0 人［基準］	-	-	-	-	-	-
1 人	.195	(.249)	.148	(.274)	.200	(.281)
2 人以上	.214	(.358)	.118	(.375)	.239	(.402)
（妻）0 人［基準］	-	-	-	-	-	-
1 人	.037	(.247)	-.191	(.260)	-.185	(.284)
2 人以上	-.197	(.373)	-.106	(.385)	.407	(.390)
姉妹数（夫）0 人［基準］	-	-	-	-	-	-
1 人	.436 †	(.246)	-.224	(.264)	.350	(.282)
2 人以上	.446	(.354)	.288	(.380)	.615	(.395)
（妻）0 人［基準］	-	-	-	-	-	-
1 人	.062	(.245)	.037	(.261)	.140	(.283)
2 人以上	.653 †	(.338)	.325	(.370)	.474	(.402)
親との距離（夫の母）	-.094**	(.021)	.025	(.018)	-.069**	(.022)
（単位：10 分）（妻の母）	.038*	(.018)	-.063**	(.021)	-.021	(.021)
切片	-4.800**	(1.562)	-1.150	(1.575)	-6.770**	(1.718)
N	139		129		105	
カイ 2 乗	232.129**					
Nagelkerke R^2	.276					

** <.01, * <.05, † <.1

資料 6-1　親からの援助：分析に用いた変数の記述統計
（経済的援助・世話的援助別、 夫方の父・母、妻方の父・母別）

経済的援助

	夫方				妻方			
	父から		母から		父から		母から	
	平均値	(標準偏差)	平均値	(標準偏差)	平均値	(標準偏差)	平均値	(標準偏差)
被説明変数								
援助なし［基準］	-	-	-	-	-	-	-	-
30 万円未満	.177	(.382)	.188	(.391)	.220	(.415)	.249	(.433)
30 万円以上	.060	(.237)	.051	(.221)	.043	(.202)	.051	(.221)
説明変数								
回答者（成人子）が女性	.472	(.500)	.485	(.500)	.567	(.496)	.590	(.492)
年収（単位：￥100 万）（妻）	1.416	(1.988)	1.479	(2.068)	1.363	(1.886)	1.443	(1.982)
（夫）	5.941	(2.525)	6.050	(2.728)	5.843	(2.555)	5.943	(2.716)
コントロール変数								
非人口集中地区	.278	(.449)	.271	(.445)	.276	(.448)	.272	(.445)
核家族地域［基準］	-	-	-	-	-	-	-	-
拡大家族地域	.150	(.357)	.151	(.359)	.150	(.358)	.155	(.362)
その他の地域	.396	(.490)	.388	(.488)	.384	(.487)	.386	(.487)
夫が跡継ぎ	.656	(.475)	.624	(.485)	.642	(.480)	.614	(.487)
妻が跡継ぎ	.226	(.419)	.206	(.405)	.210	(.408)	.199	(.400)
教育年数（夫）	14.186	(2.194)	14.159	(2.238)	14.172	(2.194)	14.075	(2.250)
（妻）	13.434	(1.742)	13.357	(1.771)	13.427	(1.755)	13.339	(1.758)
当該の親の年齢	69.920	(8.374)	69.543	(8.719)	68.299	(7.860)	67.792	(8.612)
当該の親が無配偶	.071	(.256)	.288	(.453)	.077	(.266)	.242	(.429)
12 歳未満の孫あり	.676	(.468)	.591	(.492)	.683	(.466)	.594	(.491)
兄弟数（夫）	.734	(.737)	.772	(.761)	.747	(.756)	.796	(.784)
（妻）	.720	(.670)	.759	(.783)	.729	(.682)	.756	(.779)
姉妹数（夫）	.709	(.747)	.730	(.777)	.708	(.745)	.730	(.785)
（妻）	.723	(.769)	.785	(.852)	.710	(.750)	.759	(.813)
当該の親との距離（単位：10 分）	6.751	(6.358)	6.842	(6.382)	6.670	(6.045)	6.813	(6.168)
N（ケース数）	553		819		586		859	

（資料 6-1 つづき）

世話的援助

	夫方				妻方			
	父から		母から		父から		母から	
	平均値	(標準偏差)	平均値	(標準偏差)	平均値	(標準偏差)	平均値	(標準偏差)
被説明変数								
援助なし［基準］	-	-	-	-	-	-	-	-
あり	.220	(.415)	.272	(.445)	.358	(.480)	.426	(.495)
説明変数								
回答者（成人子）が女性	.473	(.500)	.485	(.500)	.566	(.496)	.590	(.492)
年収（単位：¥100 万）（妻）	1.414	(1.987)	1.479	(2.068)	1.365	(1.885)	1.443	(1.981)
（夫）	5.940	(2.523)	6.048	(2.728)	5.839	(2.554)	5.939	(2.715)
コントロール変数								
非人口集中地区	.280	(.449)	.271	(.445)	.278	(.448)	.274	(.446)
核家族地域［基準］	-	-	-	-	-	-	-	-
拡大家族地域	.150	(.357)	.150	(.357)	.152	(.359)	.156	(.363)
その他の地域	.395	(.489)	.388	(.488)	.383	(.487)	.386	(.487)
夫が跡継ぎ	.655	(.476)	.624	(.485)	.642	(.480)	.614	(.487)
妻が跡継ぎ	.227	(.420)	.208	(.406)	.211	(.409)	.201	(.401)
教育年数（夫）	14.182	(2.194)	14.159	(2.238)	14.169	(2.194)	14.070	(2.250)
（妻）	13.431	(1.742)	13.357	(1.771)	13.424	(1.754)	13.336	(1.757)
当該の親の年齢	69.922	(8.366)	69.532	(8.718)	68.300	(7.854)	67.796	(8.603)
当該の親が無配偶	.070	(.256)	.287	(.453)	.077	(.266)	.242	(.428)
12 歳未満の孫あり	.677	(.468)	.592	(.492)	.681	(.466)	.593	(.491)
兄弟数（夫）	.736	(.738)	.773	(.763)	.750	(.757)	.797	(.785)
（妻）	.718	(.670)	.756	(.780)	.727	(.682)	.754	(.779)
姉妹数（夫）	.708	(.747)	.730	(.777)	.707	(.745)	.729	(.785)
（妻）	.722	(.769)	.785	(.852)	.712	(.751)	.762	(.814)
当該の親との距離（単位：10 分）	6.755	(6.353)	6.852	(6.379)	6.662	(6.042)	6.801	(6.166)
N（ケース数）	554		819		587		861	

資料 6-2　親から既婚子への経済的援助の規定要因（基準：援助なし）

	夫方				妻方			
	父から		母から		父から		母から	
	B	(*SE*)	*B*	(*SE*)	*B*	(*SE*)	*B*	(*SE*)
30 万円未満								
回答者（成人子）が女性	.313	(.241)	.528**	(.191)	.204	(.216)	.477**	(.177)
年収（単位：¥100 万）（妻）	-.098	(.068)	-.126*	(.057)	-.121 †	(.067)	-.148**	(.053)
（夫）	-.197**	(.059)	-.132**	(.043)	-.130**	(.050)	-.130**	(.037)
非人口集中地区	.199	(.302)	-.045	(.233)	.054	(.257)	-.170	(.209)
核家族地域［基準］	-	-	-	-	-	-	-	-
拡大家族地域	-.022	(.380)	-.081	(.295)	-.137	(.335)	-.137	(.269)
その他の地域	-.404	(.280)	-.358	(.219)	-.152	(.241)	-.169	(.194)
夫が跡継ぎ	.325	(.300)	.450 †	(.242)	.123	(.263)	.073	(.208)
妻が跡継ぎ	-.419	(.351)	-.309	(.274)	-.151	(.310)	-.304	(.249)
教育年数（夫）	.183**	(.066)	.057	(.052)	.099 †	(.057)	.097*	(.045)
（妻）	.097	(.078)	-.004	(.065)	.039	(.068)	.073	(.056)
当該の親の年齢	-.016	(.017)	-.003	(.014)	-.028 †	(.017)	-.042**	(.013)
当該の親が無配偶	-.303	(.572)	-.273	(.242)	-.573	(.514)	-.052	(.230)
12 歳未満の孫あり	.343	(.298)	.673**	(.240)	-.262	(.255)	-.121	(.205)
兄弟数（夫）	.001	(.207)	-.070	(.160)	-.287	(.192)	-.189	(.143)
（妻）	-.135	(.231)	-.208	(.159)	-.260	(.211)	-.328*	(.158)
姉妹数（夫）	-.247	(.196)	-.202	(.140)	-.130	(.168)	-.080	(.120)
（妻）	.469**	(.169)	.203 †	(.118)	-.144	(.168)	-.250*	(.127)
当該の親との距離（単位：10 分）	.010	(.020)	-.009	(.016)	.004	(.018)	-.006	(.014)
切片	-3.646*	(1.642)	-1.466	(1.341)	.301	(1.503)	.964	(1.165)

（資料 6-2 つづき）

	夫方				妻方			
	父から		母から		父から		母から	
	B	(*SE*)	*B*	(*SE*)	*B*	(*SE*)	*B*	(*SE*)
30 万円以上								
回答者（成人子）が女性	1.248**	(.422)	.510	(.333)	-.361	(.441)	.650 †	(.355)
年収（単位：¥100 万）（妻）	-.159	(.131)	-.200 †	(.115)	-.047	(.128)	-.086	(.094)
（夫）	-.097	(.088)	-.140 †	(.076)	-.145	(.106)	-.240**	(.076)
非人口集中地区	-.099	(.453)	-.059	(.392)	-.696	(.575)	-.642	(.417)
核家族地域［基準］	-	-	-	-	-	-	-	-
拡大家族地域	.616	(.582)	-.716	(.664)	.780	(.623)	.565	(.476)
その他の地域	.513	(.451)	.191	(.364)	.355	(.506)	.226	(.377)
夫が跡継ぎ	-.254	(.500)	-.133	(.404)	.025	(.560)	.651	(.432)
妻が跡継ぎ	.108	(.604)	-.110	(.474)	-.845	(.663)	-.659	(.493)
教育年数（夫）	.201 †	(.105)	-.094	(.090)	.107	(.120)	-.078	(.089)
（妻）	-.028	(.130)	.179	(.114)	.244 †	(.139)	.232*	(.113)
当該の親の年齢	.002	(.028)	.015	(.024)	-.097**	(.036)	-.015	(.025)
当該の親が無配偶	.692	(.629)	-.468	(.439)	.822	(.826)	.905*	(.385)
12 歳未満の孫あり	.417	(.490)	.782 †	(.430)	-.337	(.536)	-.014	(.397)
兄弟数（夫）	-.551	(.400)	-.151	(.282)	-.306	(.398)	-.589 †	(.308)
（妻）	.621 †	(.353)	-.160	(.281)	-.777	(.511)	-.543 †	(.316)
姉妹数（夫）	-.083	(.281)	-.275	(.249)	-.187	(.376)	-.746**	(.285)
（妻）	.570*	(.267)	-.071	(.225)	-.401	(.378)	-.351	(.252)
当該の親との距離（単位：10 分）	-.045	(.037)	-.025	(.029)	-.093 †	(.048)	-.014	(.029)
切片	-5.894*	(2.753)	-3.663	(2.336)	1.677	(3.157)	-1.570	(2.326)
N	553		819		586		859	
カイ 2 乗	71.817**		85.466**		56.002*		115.756**	
Nagelkerke R^2	.164		.134		.122		.162	

** <.01, * <.05, † <.1

資料 6-3　親から既婚子への世話的援助の規定要因（基準：援助なし）

	夫方				妻方			
	父から		母から		父から		母から	
	B	(*SE*)	*B*	(*SE*)	*B*	(*SE*)	*B*	(*SE*)
回答者(成人子)が女性	.325	(.254)	.153	(.193)	.781**	(.221)	.719**	(.186)
年収(単位:¥100万)（妻）	-.034	(.073)	.001	(.051)	.072	(.065)	.013	(.051)
（夫）	-.112†	(.065)	-.063	(.046)	-.051	(.050)	-.001	(.040)
非人口集中地区	.882**	(.299)	.247	(.229)	.340	(.258)	.336	(.221)
核家族地域[基準]	-	-	-	-	-	-	-	-
拡大家族地域	.605	(.386)	.435	(.301)	.368	(.330)	.130	(.287)
その他の地域	.135	(.291)	.080	(.218)	.061	(.243)	.099	(.204)
夫が跡継ぎ	-.394	(.330)	-.288	(.246)	.023	(.262)	.057	(.218)
妻が跡継ぎ	.016	(.371)	-.458†	(.276)	.252	(.316)	.053	(.255)
教育年数（夫）	.188**	(.070)	.037	(.053)	.100†	(.058)	.073	(.049)
（妻）	.085	(.086)	.133*	(.067)	.101	(.071)	.081	(.060)
当該の親の年齢	-.062**	(.020)	-.069**	(.015)	-.063**	(.018)	-.085**	(.014)
当該の親が無配偶	-1.584*	(.700)	-.383	(.256)	-1.185*	(.510)	-.107	(.242)
12歳未満の孫あり	2.294**	(.440)	2.190**	(.288)	2.296**	(.333)	2.358**	(.227)
兄弟数（夫）	-.430†	(.232)	-.338*	(.173)	-.127	(.180)	.047	(.143)
（妻）	-.170	(.264)	-.094	(.147)	-.032	(.211)	-.091	(.137)
姉妹数（夫）	.010	(.185)	-.162	(.139)	-.162	(.163)	-.049	(.124)
（妻）	.361†	(.191)	.287*	(.123)	-.205	(.163)	.163	(.122)
当該の親との距離（単位:10分）	-.165**	(.030)	-.125**	(.019)	-.113**	(.020)	-.113**	(.016)
切片	-1.266	(1.822)	1.173	(1.374)	-.344	(1.540)	1.729	(1.223)
N	554		819		587		861	
カイ２乗	164.691**		273.955**		205.762**		400.063**	
Nagelkerke R^2	.395		.412		.406		.499	

** <.01, * <.05, † <.1

【著者紹介】

大和　礼子（やまと　れいこ）

東京大学文学部社会学専修課程卒業。大阪大学大学院人間科学研究科博士後期課程退学。博士（人間科学）。

現在　関西大学社会学部　教授。

主著　『問いからはじめる家族社会学』（編著，有斐閣，2015），『生涯ケアラーの誕生――再構築された世代関係／再構築されないジェンダー関係』（学文社，2008），『男の育児・女の育児』（編著，昭和堂，2008），"The Impact of a Changing Employment System on Women's Employment upon Marriage and after Childbirth in Japan"（H. Tarohmaru ed., *Labor Markets, Gender and Social Stratification in East Asia*, Leiden: Brill, 2016）.

オトナ親子の同居・近居・援助―夫婦の個人化と性別分業の間―

2017年９月25日　第一版第一刷発行
2020年１月30日　第一版第二刷発行

著　者　大和　礼子

発行者　田中　千津子
発行所　株式会社 学文社
〒153-0064　東京都目黒区下目黒３-６-１
電話　03（3715）1501（代）
FAX　03（3715）2012
http://www.gakubunsha.com

印刷所　新灯印刷

ISBN978-4-7620-2737-6

索　引

さ行

た行

な行

は行

ま行

参考文献

Adams, Bert N., 1970, “Isolation, function, and beyond : American kinship in the 1960's,” *Journal of Marriage and the Family*, 32(4), 575-597.

Allan, Graham, 1979, *A Sociology of Friendship and Kinship*, London : George Allen and Unwin.

Beck, Ulrich, 1986, *Riskogesellschaft : Auf dem Weg in eine andere Moderne*, Frankfurt am Main : Suhrkamp.（= 1998，東廉・伊藤美登里訳『危険社会―新しい近代への道』法政大学出版局.）

Bengtson, Vern L., 2001, “Beyond the nuclear family : The increasing importance of multigenerational bonds,” *Journal of Marriage and Family*, 63(1), 1-16.

Bengtson, Vern L. and Robert E. L. Roberts, 1991, “Intergenerational solidarity in Aging Families: An example of formal theory construction,” *Journal of Marriage and Family*, 53(4), 856-870.

Blome, Agnes, Wolfgang Keck, Jens Alber, 2009, *Family and the Welfare State in Europe : Intergenerational Relations in Ageing Societies*, Cheltenham : Edward Elgar.

Bott, Elizabeth, 1971[1957], *Family and Social Network*, 2nd ed., London : Free Press.

Bowlby, John, 1969, *Attachment and Loss* : vol. 1 and vol.2, London : Hogarth P.

Campbell, John Creighton, 1992, *How Policies Change : The Japanese Government and the Aging Society*, Princeton, N. J. : Princeton University Press.（= 三浦文夫・坂田周一監訳，1995，『日本政府と高齢化社会―政策転換の理論と検証』中央法規.）

千年よしみ，2013a，「２章 親世代との同別居と居住距離」『第５回全国家庭動向調査　現代日本の家族変動』（人口問題調査研究報告資料第 33 号）（PDF 版），3-10.（http：//www.ipss.go.jp/ps-katei/j/NSFJ5/Mhoukoku/Mhoukoku2.pdf.）

千年よしみ，2013b，「近年における世代間居住関係の変化」『人口問題研究』69(4)，4-24.

Finch, Janet and Jennifer Mason, 2000, *Passing on* : *Kinship and Inheritance in England*, London and New York : Routledge.

藤崎宏子，1998，『高齢者・家族・社会的ネットワーク』培風館.

藤崎宏子，2002，「介護保険制度の導入と家族介護」金子勇編『講座・社会変動　8　高齢化と少子社会』ミネルヴァ書房，191-222.
藤崎宏子，2009，「介護保険制度と介護の「社会化」「再家族化」」（特集 介護労働のグローバル化と介護の社会化）『福祉社会学研究』6，41-57.
藤崎宏子，2013，「介護保険は高齢者介護を変えたか？」，福祉社会学会編『福祉社会学ハンドブック―現代を読み解く98の論点』198-199.
Gans, Herbert J., 1982[1962], *The Urban Villagers : Group and Class in the Life of Italian-Americas*, updated and expanded edition, New York：The Free Press.
玄田有史，2001，『仕事のなかの曖昧な不安―揺れる若年の現在』中央公論新社.
Giddens, Anthony, 1992, *The Transformation of Intimacy : Sexuality, Love and Eroticism in Modern Societies*, Stanford, Calif.：Stanford University Press.（＝1995，松尾精文・松川昭子訳『親密性の変容―近代社会におけるセクシュアリティ，愛情，エロティシズム』而立書房.）
Graham, Hilary, 1985, "Providers, negotiators, and mediators：Women as the hidden carer," Ellen Lewin and Virginia Olesen（eds.）, *Women, Health, and Healing : Toward a New Perspective*, London : Tavistock Publications, 25-52.
Hagestad, Gunhild O., 1986, "The family：women and grandparents as kinkeepers," Alan Pifer and Lydia Bronte（eds.）*Our Aging Society*：*Paradox and Promise*, 141-160, New York : Norton.
浜田浩児，2006，「贈与・遺産格差の計測―所得格差と比較した動向」『季刊 家計経済研究』72，6-11.
原俊彦，2016，「日本の人口転換と地域社会の未来」『家族社会学研究』28(1)，11-25.
速水融，2001，「歴史人口学と家族史の交差」速水融・鬼頭宏・友部謙一編『歴史人口学のフロンティア』東洋経済新報社.
Henretta, John C., Martha S. Hill, Wei Li, Beth J. Soldo, and Douglas A. Wolf, 1997, "Selection of children to provide care : The effect of earlier parental transfers," *The Journal of Gerontology : Psychological Sciences and Social Sciences : Series B*, 52B（Special Issue）, 110-119.
平山亮，2014，『迫りくる「息子介護」の時代―28人の現場から』光

文社新書.
平山洋介，2016,「住宅新局面—三世代同居促進の住宅政策について」『住宅会議 = Housing council』96，50-54.
久武綾子，1988,『氏と戸籍の女性史—わが国における変遷と諸外国との比較』世界思想社.
Horowitz, Amy, 1985, "Sons and daughters as care-givers to older parents : ifferences in role performance and consequences," *The Gerontologist*, 25(6), 612-617.
稲上毅，1999,「総論 日本の産業社会と労働」稲上毅・川喜多喬編『講座社会学 6 労働』東京大学出版会，1-31.
石井良助，1958,「明治民法施行前の扶養法」中川善之助・青山道夫・玉城肇・福島正夫・金子一・川島武宜編『家族問題と家族法 5 扶養』酒井書店，98-132.
石村善助，1958,「明治民法以後の扶養法」中川善之助・青山道夫・玉城肇・福島正夫・金子一・川島武宜編『家族問題と家族法 5 扶養』酒井書店，133-147.
岩井紀子・保田時男，2008,「世代間援助における夫側と妻側のバランスについての分析—世代間関係の双系化論に対する実証的アプローチ」『家族社会学研究』20(2)，34-47.
Izuhara, Misa, 2004, "Negotiating family support? The 'generational contract' between long-term care and inheritance," *Journal of Social Policy*, 33(4), 649-665.
梶晴美，2003,「訪問介護サービスにおけるニーズとサービスの量的不一致—介護保険の応益負担と給付制限をめぐって」『社会福祉学』44(2)，55-64.
春日キスヨ，2010,『変わる家族と介護』講談社現代新書.
加藤彰彦，2011,「未婚化を推し進めてきた２つの力—経済成長の低下と個人主義のイデオロギー」『人口問題研究』67(2)，3-39.
河畠修，2001,『高齢者の現代史—21 世紀・新しい姿へ』明石書店.
河野真，1999,「普遍主義／選別主義」庄司洋子他編『福祉社会事典』弘文堂，878.
川島武宜，2000［1955］,「イデオロギーとしての『家族制度』」『日本社会の家族的構成』岩波書店，149-238.
菊澤佐江子，2007,「女性の介護—ライフコース視点からの考察」『福祉社会学研究』4，99-119.
金益基・朴京淑・小島宏，1998,「現代の韓国と日本における老親の地理的ネットワーク」『人口問題研究』54(4)，63-84.

小林良二, 2013,「公的介護保険はどのようにできたのか？」, 福祉社会学会編『福祉社会学ハンドブック—現代を読み解く 98 の論点』188-189.

小島晴洋, 2002,「年金保険制度」堀勝弘編『社会福祉選書 5 社会保障論（第3版）』建帛社, 59-111.

国立社会保障・人口問題研究所編, 2003,『人口統計資料集 2003』国立社会保障・人口問題研究所（Ⅶ. 世帯, 表 7-23. 元の資料は「国勢調査」).

国立社会保障・人口問題研究所編, 2015,『人口統計資料集 2015』国立社会保障・人口問題研究所（Ⅶ. 世帯, 表 7-16. 元の資料は「国民生活基礎調査」).

駒村康平, 2003,『年金はどうなる—家族と雇用が変わる時代』岩波書店.

厚生労働省, 2007,「平成 18 年度「婚姻に関する統計」の概況」(http：//www.mhlw.go.jp/toukei/saikin/hw/jinkou/tokusyu/konin06/).

厚生労働省, 2013,「平成 25 年国民生活基礎調査」(特に「介護の状況」)(http://www.mhlw.go.jp/toukei/saikin/hw/k-tyosa/k-tyosa13/dl/05.pdf).

小山泰代, 2001,「世帯内外の老親介護における妻の役割と介護負担」『人口問題研究』57(2), 19-35, 国立社会保障人口問題研究所.

Lee, Enju, Glenna Spitze, and John R. Logan, 2003, "Social support to parents-in-law：The interpaly of gender and kin hierarchies," *Journal of Marriage and Family*, 65, 396-403.

Litwak, Eugene, 1960, "Geographic mobility and extended family cohesion," *American Sociological Review*, 25(3), 385-394.

松本吉彦, 2013,『二世帯住宅という選択—実例に見る同居の家族』平凡社.

松成恵, 1991,「戦後日本の家族意識の変化」『家族社会学研究』3, 85-97.

McGarry, Kathleen and Robert F. Schoeni, 1997, "Transfer behavior within the family：Results from the asset and health dynamics study," *The Journal of Gerontology : Psychological Sciences and Social Sciences*：*Series B*, 52B (Special Issue), 82-92.

Milardo, Robert M., 1988, "Families and Social Networks：An Overview of Theory and Methodology," Milardo, Robert (ed.), *Families and Social Networks*, Newbury Park：Sage, 13-47.

三谷鉄夫，1972，「家族間結合関係における非対称性について」『北海道大学 文学部紀要』20(1)，1-30.
三谷鉄夫・盛山和夫，1985，「都市家族の世代間関係における非対称性の問題」『社会学評論』36(3)，335-349.
宮本みち子，1995，「『脱青年期』の出現にみる少子社会の親子のゆくえ」『季刊 家計経済研究』27，31-40.
宮本みち子，2004，『ポスト青年期と親子戦略―大人になる意味と形の変容』勁草書房.
百瀬孝，1997，『日本老人福祉史』中央法規.
森絵都，2014，「母の北上」『異国のおじさんを伴う』文春文庫，159-182.
森川美絵，2015，『介護はいかにして「労働」となったのか―制度としての承認と評価のメカニズム』ミネルヴァ書房.
森岡清美，1980，「戦後の家族構成の変化と家意識の崩壊」『歴史公論』6(1)，122-127.
森岡清美・望月嵩，1993［1983］，『新しい家族社会学（三訂版）』培風館.
永瀬伸子，2002，「若年層の雇用の非正規化と結婚行動」『人口問題研究』58(2)，22-35.
中川善之助，1976，「親族的扶養義務の本質」『法学セミナー』253，190-207.
中村真由美，2016，「地域ブロック内における出生率の違い―富山と福井の比較から」『家族社会学研究』28(1)，26-42.
中根千枝，1991［1977］，『家族を中心とした人間関係』講談社.
内閣府，2010，「高齢者の生活と意識に関する国際比較調査」(http://www8.cao.go.jp/kourei/ishiki/h22/kiso/zentai/).
内閣府，2014，「平成 25 年度 家族と地域における子育てに関する意識調査報告書（全体版）」（特に「結婚・家族についての意識」）(http://www8.cao.go.jp/shoushi/shoushika/research/h25/ishiki/index_pdf.html).
内閣府，2016，「平成 27 年度少子化社会に関する国際意識調査」（特に問 4 についての国別クロス集計表）(http://www8.cao.go.jp/shoushi/shoushika/research/h27/zentai-pdf/index.html).
直井道子，1993，『高齢者と家族―新しいつながりを求めて』サイエンス社.
直井道子・小林江里香・Liang, Jersey（2006）「子どもからのサポートと遺産相続―夫と死別した女性高齢者の場合」『老年社会科学』28(1)，21-28.

日本放送協会（NHK），2011，「ウーマノミックスが社会を変える」『クローズアップ現代』2011 年 1 月 11 日放送）.
日本家族社会学会 全国家族調査委員会，2010，『第 3 回家族についての全国調（NFRJ08）第 1 次報告書』日本家族社会学会 全国家族調査委員会.
日本経済新聞，2012，「シニア消費の実態⑧「近居」志向で、孫消費増加」（2012 年 9 月 5 日朝刊）.
日本経済新聞，2015，「3 世代同居、なぜ推進？」（2015 年 5 月 12 日朝刊）.
日本経済新聞，2016，「地元志向　親のため？」（2016 年 5 月 1 日朝刊）.
西岡八郎，2000，「日本における成人子と親との関係―成人子と老親の居住関係を中心に」『人口問題研究』56（3），34-55.
西岡八郎，1997，「家族機能の変化―担い手の実態とその変化」，阿藤誠・兼清弘之編『人口変動と家族（シリーズ・人口学研究 7）』大明堂，25-45.
野口悠紀雄・上村協子・鬼頭由美子，1989，「相続による世代間資産移転の構造―首都圏における実態調査結果」『季刊社会保障研究』25（2），136-144.
野村正實，1994，『終身雇用』岩波書店.
沼尾波子，2016，「人口減少時代の地域づくりと自治体行財政の課題」『家族社会学研究』28（1），43-55.
落合恵美子，2004［1994］，『21 世紀家族へ―家族の戦後体制の見かた・超えかた（第 3 版）』有斐閣.
小川政亮，1958，「社会保障制度との関連」中川善之助・青山道夫・玉城肇・福島正夫・金子一・川島武宜『家族問題と家族法Ⅴ　扶養』酒井書店，151-209.
大久保孝治，2004，「介護経験の『双系化』」渡辺秀樹・稲葉昭英・嶋崎尚子編『現代家族の構造と変容―全国家族調査［NFRJ98］による計量分析』東京大学出版会，159-172.
折井美耶子，1997，「近代日本における老人の扶養と介護」『歴史評論』565，39-51.
大沢真理，2007，『現代日本の生活保障システム―座標とゆくえ』岩波書店.
乙部由子，2006，『中高年女性のライフサイクルとパートタイム―スーパーで働く女性たち』ミネルヴァ書房.
乙部由子，2010，『女性のキャリア継続―正規と非正規のはざまで』勁草書房.
大月敏雄・住総研編，2014，『近居―少子高齢社会の住まい・地域再生

にどう活かすか』学芸出版社.
Palmore, Erdman B. and Daisuke Maeda, 1985, *The Honorable Elders Revisited : A Revised Cross-Cultural Analysis of Aging in Japan*, Durham, NC：Duke University Press.
Parsons, Talcott, 1949, "The social structure of the family," Ruth Nanda Anshen (ed.) *The Family : Its Function and Destiny*, New York：Harper and Brothers, 173-201.
Rosenthal, Carolyn, J., 1985, "Kinkeeping in the familial division of labor," *Journal of Marriage and the Family*, 47(4), 965-974.
Rowlingson, Karen and Stephen McKay, 2005, *Attitudes to Inheritance in Britain*, Queens Road, Bristol：The Policy Press.
坂本和靖，2006,「親との同居選択の要因とその効果―Propensity Score Matching による分析：既婚者の場合」『季刊家計経済研究』72，21-30.
沢津久司，1995,「日本における女性の法的権利，地位の変遷に関する研究（Ⅰ）」『中国短期大学紀要』26，163-177.
施利平，2008,「戦後日本の親子・親族関係の持続と変化―全国家族調査（NFRJ-S01）を用いた計量分析による双系化説の検討」『家族社会学研究』20(2)，20-33.
施利平，2012,『戦後日本の親族関係―核家族化と双系化の検証』勁草書房.
施利平・金貞任・稲葉昭英・保田時男，2016,「親への援助パターンとその変化」稲葉昭英・保田時男・田渕六郎・田中重人編『日本の家族 1999-2009―全国家族調査 [NFRJ] による計量社会学』東京大学出版会，235-257.
嶋﨑尚子，2009,「成人した子とのつながり―親からみた親子関係」藤見純子・西野理子編『現代日本人の家族―NFRJ からみたその姿』有斐閣，154-165.
清水浩昭，2013,「日本家族論」『高齢化社会日本の家族と介護―地域性からの接近』時潮社，71-121.
新村拓，1991,『老いと看取りの社会史』法政大学出版局.
白波瀬佐和子，2001,「成人子への支援パターンからみた現代日本の親子関係」『人口問題研究』57(3)，1-15.
白波瀬佐和子，2005a,「少子高齢化の中の成人未婚子」『少子高齢社会のみえない格差―ジェンダー・世代・階層のゆくえ』東京大学出版会，109-134.
白波瀬佐和子，2005b,「少子高齢社会の世代間支援」同上書，135-

160.
Shuey, Kim and Melissa A. Hardy, 2003, "Assistance to aging parents and parents-in-laws : Does lineage affect family allocation decisions?" *Journal of Marriage and Family*, 65, 418-431.
Siaroff, Alan., 1994, "Work, Welfare and Gender Equality : A New Typology," Sainsbury, Diana (ed.), *Gendering Welfare States*, London : Sage, 82-100.
総務省統計局，2013，「平成 24 年就業構造基本調査 結果の概要」(特に「育児・介護と就業」) (http://www.stat.go.jp/data/shugyou/2012/pdf/kgaiyou.pdf).
染谷俶子，2003，「社会変動と日本の家族：老親扶養の社会化と親子関係」『家族社会学研究』14(2)，105-14.
Spitze, Glenna and John Logan, 1990, "Sons, daughters, and intergenerational social support," *Journal of Marriage and the Family*, 52, 420-430.
Stoller, Eleanor and Lorna L. Earl, 1983, "Help with activities of everyday life : Sources of support for the noninstitutionalized elderly," *The Gerontologist*, 23(1), 64-70.
鈴木富美子，2010，「実親と義親への世話的援助意向のバランスに関する分析―援助バランス類型からみた世代間援助についての一考察」『家計経済研究』88, 49-62.
Sweetser, Dorian Apple, 1964, "Mother-daughter ties between generations in industrial societies," *Family Process*, 3, 332-343.
Sweetser, Dorian Apple, 1968, "Intergenerational ties in Finnish urban families," *American Sociological Review*, 33, 236-246.
Szydlik, Marc, 2004, "Inheritance and inequality : Theoretical reasoning and empirical evidence," *Eropean Sociological Review*, 20(1), 31-45.
田渕六郎，1998，「老親・成人子同居の規定要因―子どもの性別構成を中心に」『人口問題研究』54(3)，3-19.
田渕六郎，2006，「高齢期の親子関係」『季刊家計経済研究』70，19-27.
田渕六郎，2009，「結婚した子と実親・義理の親とのつながり―子からみた親子関係」藤見純子・西野理子編『現代日本人の家族―NFRJ からみたその姿』有斐閣，167-185.
田渕六郎，2010，「世代間居住関係の変容と規定要因―NFRJ08・03・98 の比較を通じて」，第 20 回日本家族社会学会大会テーマセッ

ション (2)「21 世紀における家族のトレンド―NFRJ98、03、08 データからみえる家族」, 成城大学, 2010 年 9 月 12 日 .
田渕六郎, 2011,「世代間居住関係の変容と規定要因」田渕六郎・嶋崎尚子編『第３回家族についての全国調査（NFRJ08）第２次報告書 第２巻：世代間関係の動態』(日本家族社会学会 全国家族調査委員会), 1-14.
田渕六郎・中里秀樹, 2004,「老親と成人子との居住関係―同居・隣居・近居・遠居をめぐって」渡辺秀樹・稲葉昭英・嶋﨑尚子編『現代家族の構造と変容―全国家族調査［NFRJ98］による計量分析』東京大学出版会, 121-148.
武石恵美子, 2006,『雇用システムと女性のキャリア』勁草書房.
太郎丸博, 2009,『若年非正規雇用の社会学―階層・ジェンダー・グローバル化』大阪大学出版会.
利谷信義, 1987,『家族と国家』筑摩書房.
利谷信義, 1991,「家族法の実験」上野千鶴子ほか編『シリーズ変貌する家族 1 家族の社会史』岩波書店, 97-118.
利谷信義, 2010[1996],『家族の法（第３版）』有斐閣.
Townsend, Peter, 1957, *The Family Life of Old People : An Inquiry in East London*, London : Routledge and Kegan（= 1974, 山室周平訳『居宅老人の生活と親族網―戦後東ロンドンにおける実証的研究』垣内出版).
津止正敏, 2007,「データが示す男性介護者」津止正敏・斎藤真緒『男性介護者白書―家族介護者支援への提言』かもがわ出版.
筒井淳也, 2016,「三世代同居促進政策は有効か―データから見えてくること」『SYNODOS – シノドス』(http://synodos.jp/society/16033).
Tsuya, Noriko O. and Linda G. Martin, 1992, “Living arrangements of elderly Japanese and attitudes toward inheritance,” *Journal of Gerontology : Social Sciences*, 47(2), S45-54.
Walker, Alan, 1993, “Intergenerational relations and welfare restructuring : The social construction of an intergenerational problem,” Vern L. Bengston and W. Andrew Achenbaum (eds.), *The Changing Contract across Generations*, New York : Aldine de Gruyter, 141-165.
Walker, Alan, 1996, “Introduction : The new generational contract,” Alan Walker (ed.), *The New Generational Contract*, London : UCL Press, 1-9.

Wolf, Douglas A., Vicki Freedman, and Beth J. Soldo, 1997, "The division of family labor：Care for elderly parents," *The Journal of Gerontology : Psychological Sciences and Social Sciences : Series B*, 52B (Special Issue), 102–109.
山田昌弘，1999,『パラサイト・シングルの時代』筑摩書房.
山崎広明，1985,「日本における老齢年金制度の展開過程―厚生年金制度を中心として」東京大学社会科学研究所編『福祉国家 5 日本の経済と福祉』東京大学出版会，171–237.
山崎広明，1988,「厚生年金制度の「抜本改正」過程」東京大学社会科学研究所編『転換期の福祉国家 下』東京大学出版会，79–169.
大和礼子，2008,『生涯ケアラーの誕生―再構築された世代関係／再構築されないジェンダー関係』学文社.
大和礼子，2010,「"日常的援助における性別分業にもとづく双系"と"系譜における父系"の並存―現代日本における高齢者 - 成人子関係についての文献レビューから」『関西大学社会学部紀要』42(1)，35–76.
大和礼子，2011,「女性のM字型ライフコースの日韓比較―出産後の再就職に注目して」佐藤嘉倫・尾嶋史章編『現代の階層社会 1 格差と多様性』東京大学出版会，161–175.
Yamato, Reiko, 2011, "Is the norm of patri-locality applied to older mothers and fathers in the same way? An examination of the nature of intergenerational relationships within the intimate sphere in contemporary Japan," presented to the Kyoto Workshop of Research Committee of Family, International Sociological Association, held at Kyoto University, Japan.
Yamato, Reiko, 2012, "Inconsistency between policy presumptions and actual relationships of the intergenerational relationships within the family in present-day Japan," presented to Research Committee of Aging, the Second ISA Forum of Sociology, held at University of Buenos Aires, Argentina.
Yamato, Reiko, 2013, "Is the generational contract between care and inheritance still alive in Japan? The coexistence of gendered bilateral and patrilineal intergenerational relationships," Tanaka, Shigeto (ed.) *A Quantitative Picture of Contemporary Japanese Families: Tradition and Modernity in the 21st Century*, Tohoku University Press, 57–91.
Yamato, Reiko, 2014, "Gender difference in adult children's coresi-

dence with their older parents: A comparison between Japan and Taiwan," presented to The World Congress of the International Sociological Association (Research Committee of Aging), held at Pacifico Yokohama, Japan.

Yamato, Reiko, 2015, "Individualization of intergenerational relationships between married children and their older parents in Japan," presented to the Seminar of Research Committee of Family, International Sociological Association, held at the University College Dublin, Ireland.

Yamato, Reiko, 2016a, "The Impact of a Changing Employment System on Women's Employment upon Marriage and after Childbirth in Japan," Tarohmaru, Hiroshi (ed.), *Labor Markets, Gender and Social Stratification in East Asia : A Global Perspective*, Leiden：Brill, 80–111.

Yamato, Reiko, 2016b, "Patrilineal, bilateral, or individualized? Changing intergenerational relationships in Japan," presented to the Third ISA Forum of Sociology, Vienna, Austria.

大和礼子，2017，「親・義親との援助関係における"夫婦の個人化"？―第3回全国家族調査（NFRJ08）の分析から」『人口問題研究』73(1)，58–77.

保田時男，2004，「親子のライフステージと世代間の援助関係」渡辺秀樹・稲葉昭英・嶋崎尚子編『現代家族の構造と変容―全国家族調査[NFRJ98]による計量分析』東京大学出版会，347–365.

Yasuda, Tokio, Iwai, Noriko, Yi, Chin-chun, and Xie, Guihua, 2011, "Intergenerational Coresidence in China, Japan, South Korea and Taiwan：Comparative Analyses Based on the East Asian Social Survey 2006," *Journal of Comparative Family Studies*, 42(5), 703–722.

安岡喜大，2015，「相続・贈与税 高齢者層から若年層への資産の早期移転を通じて経済の活性化を促す（特集 2015年度税制改正の勘どころ）」『金融財政事情』66(6)，16–20.

湯沢雍彦，1970，「老人扶養問題の構造と展開」那須宗一・湯沢雍彦編『老人扶養の研究―老人家族の社会学』垣内出版，19–52.